Benjamin Prüfer

Gebrauchsanweisung für Vietnam, Laos und Kambodscha

Piper München Zürich

Mehr Bäume.
Weniger CO$_2$.
www.cpibooks.de/klimaneutral

Mehr über unsere Autoren und Bücher:
www.piper.de

Alle Zitate aus »The Quiet American« (»Der stille Amerikaner«) sind der
Ausgabe von Penguin Classics entnommen.
Das Zitat von David Halberstam auf S. 167 stammt aus
»Edward Lansdales's Cold War« von Jonathan Nashel,
University of Massachusetts Press.
»Vietnam. A Traveler's Literary Companion«, aus dem aus den
Kurzgeschichten von Nguyen Huy Thiep und Pham Thi Hoai zitiert wird,
ist erschienen bei Whereabout Press.
Deutsche Übersetzungen von Benjamin Prüfer.

ISBN 978-3-492-27602-3
4. Auflage 2013
© Piper Verlag GmbH, München 2011
Redaktion: Matthias Teiting, Duisburg
Karte: cartomedia, Karlsruhe
Satz: le-tex publishing services GmbH, Leipzig
Druck und Bindung: CPI – Clausen & Bosse, Leck
Printed in Germany

Inhalt

Eine Reisewarnung

Falls Sie eine Reise nach Laos, Kambodscha und Vietnam planen – jene Region, die man einst unter dem viel spannender klingenden Namen Indochina zusammenfasste –, möchte ich an dieser Stelle eine Warnung aussprechen: Sie werden immer zu spät kommen. So geht es zumindest mir. Wo ich auch hinreise, um authentische Kulturen kennenzulernen, romantische Landschaften zu sehen, kurz: um ein Tim-und-Struppi-Abenteuer zu erleben – immer komme ich zu spät. Wenn ich ankomme, dann ist da eine zwielichtige Bar, und am Tresen sitzt ein raubeiniger Amerikaner oder Australier, der angeblich vor langer, langer Zeit, gerade als die Region »wieder offen« geworden war, mit den ersten Hilfsorganisationen nach Indochina gekommen ist. Und der sagt dann: »Was? Authentische Kulturen? Romantische Landschaften? Ach ja, bis vor Kurzem war Indochina noch authentisch und romantisch – also, bis kurz bevor DU hier aufgeschlagen bist, du mit deinem lächerlichen Reiseführer in der Hand. Tja, und dann hat es sich plötzlich in diese chaotische Touristenhölle verwandelt, die du jetzt erlebst. Sorry, dude! Noch ein *Beerlao*?« So geht es mir jedes Mal.

Ich will Ihnen davon erzählen, wie ich das letzte Mal zu spät gekommen bin. Es war ein Trip, den ich schon lange gemacht haben wollte: Mein Plan war, mit einem sogenannten Slowboat, einem der hölzernen Frachtkähne, die zu Passagierfähren umgebaut wurden, von Chiang Kong, einer kleinen thailändischen Stadt am Ufer des Mekong, nach Luang Prabang in Laos hinunterzufahren. Ich hatte viele begeisterte Reiseberichte über diese Tour gelesen und erwartete, durch eine »Geo«-Fotoreportage zu gleiten: Wasserbüffel am Flussufer, Morgennebel über dem Fluss …

Doch als ich dann tatsächlich im Boot saß, war meine Enttäuschung groß.

Offensichtlich war ich nicht der Einzige, der diese Idee gehabt hatte. Die Holzbänke waren voll besetzt mit Touristen. Ich musste die Flip-Flops einziehen. Durch die Reihen lief ein vielleicht 12-jähriger Junge mit einem rosa Plastikeiskühler voller Bier, Wodka- und Red-Bull-Flaschen. Er zeigte den Reisenden, wie sie sich Wodka-Red-Bull mixen konnten, indem sie zuerst den Energy-Drink halb leer tranken und die Dose dann mit Wodka auffüllten. Am Bug hatte sich eine Gruppe von Briten niedergelassen, die offensichtlich schon einiges von dem Bier getrunken hatte. Ein junger Mann mit blondem Pferdeschwanz zupfte an seiner Gitarre, ein zweiter mit Dreadlocks begleitete ihn auf einer Bongo. Dann war da noch Lars aus Holland, der das Gesprächsthema in seiner Reisegruppe war, weil er in der letzten Nacht ein thailändisches Mädchen mit aufs Zimmer genommen hatte und daher jetzt den Spitznamen »Boom-Boom« trug. Am Heck saß eine Gruppe Israelis, die mir etwas zu häufig versicherten, dass sie auf ihrer Reise »viele coole und sehr nette Deutsche« kennengelernt hätten. Dazwischen, wie Statisten, einige schüchterne Einheimische.

Ich hätte es mir denken können: Chiang Kong ist der Einfallspunkt für Touristen auf ihrer Reise durch Indochina. Die klassische Tour führt sie mit dem Boot nach Luang Prabang. Dort gucken sie sich Pagoden an und reisen, ausgerüstet mit weichen Slippern, die sie auf dem Nachtmarkt in Luang Prabang gekauft haben, nach Vang Vieng zum Tubing. Das ist eine kleine, lärmende Stadt inmitten eines von zerklüfteten Bergen umgebenen Tals, die ausschließlich aus Bars und Gästehäusern zu bestehen scheint. Die Hauptattraktion ist das besagte Tubing: Man lässt sich im aufgeblasenen Schlauch eines Autoreifens einen kleinen Fluss hinabtreiben, wobei man eine Reihe von Bretterbuden am Ufer passieren muss, in denen giggelnde einheimische Kinder mit rosa Plastikkühlern warten. Ein halber Liter Bier kostet umgerechnet 80 Cent, ein 1,5-Liter-Eimer Wodka-Red-Bull zwei Euro, ein halber Liter Cocktail 1,50 Euro, und *lao lao*, Reisschnaps, ist kostenlos. Dann in die Hauptstadt Vientane und danach zurück ins sichere Thailand.

Unter den Reisenden war auch ein Deutscher – wir erkannten uns mit der leichten Unbehaglichkeit, mit der sich deutsche Touristen auf Reisen begegnen. Schließlich ist dies das endgültige Ende der Illusion eines exotischen Abenteuers – die Anwesenheit eines anderen deutschen Touristen. Er sagte, er studiere Sensorik an der FH Karlsruhe, und blickte etwas säuerlich drein. In jenem thailändischen Gästehaus, in dem er das Ticket für die Bootsfahrt gekauft hatte, hätten sie ihm ein Foto von einem Schiff mit komfortablen Polstersesseln gezeigt, wie in einem Reisebus. Und da saßen wir, auf einem hölzernen Kahn mit groben Bänken.

Die Briten hatten die ersten Biere geleert und wurden laut. Zwei Kerle rauften sich im Spaß und rollten über die Holzbänke, T-Shirts rutschten hoch und zeigten verschwitzte weiße Bäuche und glühenden Sonnenbrand.

»Sind nicht alle Klischees wahr – zumindest ein bisschen?«, sagte ich mit Blick auf die Briten.

»Ja, furchtbar«, sagte der Deutsche. »Da gibt es nur eines, um das zu ertragen: mitsaufen! Soll ich dir was zu trinken mitbringen?«

Am Ufer standen schwere Maschinen. In Chiang Kong wird mit dem Bau einer Brücke über den Mekong begonnen. Eines Tages sollen asphaltierte Schnellstraßen bis nach China führen. Mit Wehmut erinnerte ich mich daran, wie ich vor acht Jahren das erste Mal in Laos angekommen bin. Damals gab es keine Baumaschinen, keine Schnellstraßen, kaum Tourismus. Man konnte nur über lehmige Pisten durch den Dschungel reisen, in Pick-ups, die regelmäßig einer Gruppe Elefanten hinterherschleichen mussten, die gerade auf dem Weg zur Arbeit war. Ich tauschte Zigaretten mit einheimischen Jägern, die mit selbst gebastelten Musketen Vögel jagten, und rauchte in abgelegenen Dörfern Opium mit den Bauern. Schlief in den Pagoden und lauschte den einfachen Weisheiten der buddhistischen Mönche. Ich fand ein Land, in dem arme, aber glückliche Menschen lebten. Geschützt durch Buddhismus und eine fürsorgliche Diktatur vor den teuflischen Verlockungen der westlichen Welt. Ein Laos, das für immer verschwunden ist. Ach! Indochina ist nicht mehr Indochina.

Stopp!

Halt!

Schnitt!

Sie haben mir das eben nicht abgenommen, oder?

Und wenn Sie mir bis hierhin das nostalgische Geschwafel doch geglaubt haben, dann würde ich Ihnen jetzt gern einen günstigen Gebrauchtwagen verkaufen. Ich warne Sie: Wann immer ein Reisender in diese Region gekommen ist, stets hat er das Gefühl vermittelt bekommen, er habe das »wahre Indochina« gerade verpasst. So war es immer: Als in den Sechzigerjahren die ersten amerikanischen Touristen kamen, beklagten sich die französischen Plantagenbesitzer, dass Indochina nicht mehr Indochina sei. Als die Kommunisten kamen, beklagten sich die Amerikaner, dass Indochina nun für immer verloren sei. Als die Backpacker kamen, beklagte sich so gut wie jeder, dass es mit Indochina den Bach runtergehe. Die Wahrheit ist: Es gab nie ein »wahres Indochina«. Es war nie das entrückte Paradies, zu dem es in unzähligen Reiseberichten stilisiert wurde. Indochina ist romantisch und authentisch – aber vielleicht nicht auf die Art, die Sie erwarten.

Während dieser Slowboat-Reise habe ich das wahre Indochina doch noch gefunden. Plötzlich sah ich am Ufer eine Herde Wasserbüffel. Das Dach einer Pagode funkelte. In der Ferne verschwanden die Berggipfel in den tiefhängenden Wolken. Da war sie, meine »Geo«-Fotoreportage. Sogar die Briten verstummten und genossen den Anblick. Indochina bleibt eben Indochina.

So. Könnte ich jetzt einen Wodka-Red-Bull haben?

Magic Bus

Im Folgenden werde ich Ihnen eine völlig richtungsfreie Geschichte über eine Reise in einem laotischen Bus erzählen. »Aha«, werden Sie vielleicht mit einer hochgezogenen Augenbraue sagen. »Und was ist die These? Die Aussage? Der Zweck? Warum soll ich fünfzehn Minuten meiner wertvollen Zeit für die Lektüre opfern?«

Einen Moment bitte. Jetzt mal gaaaaaanz langsam. Mit dieser Einstellung werden Sie in Indochina nicht glücklich werden. Lehnen Sie sich zurück, und gießen Sie sich noch eine Tasse grünen Tee ein. Ich geben zu: Eigentlich hatte ich als Journalist gelernt, die Zeit des Lesers nicht zu verschwenden und so schnell wie möglich zum Wichtigsten zu kommen. Aber irgendwo in Laos ist mir jenes europäische Zeitgefühl abhandengekommen. Genauer gesagt auf einer Busfahrt. Und von der will ich berichten.

Schon als ich den Bus zum ersten Mal sah, hatte ich kein gutes Gefühl. Aber das war nicht weiter verwunderlich. Denn man hat nie ein gutes Gefühl, wenn man einen laotischen Bus sieht. Es war ein blau-weißes Fahrzeug, das aussah, wie man sich einen Schulbus auf dem Dorf vorstellt – abgesehen davon, dass Schulbusse nicht bis zur Höhe der Fenster mit rotem Schlamm verkrustet sind. Wir standen auf einem Sandplatz außerhalb der Stadt Huay Xai, und der eigentliche Zeitpunkt der Abfahrt war schon verstrichen. Der Gang zwischen den Sitzen war mit einem Motorroller, einigen Gasflaschen und unzähligen Reissäcken gefüllt. Neben mich setzte sich eine junge Frau mit einem schlafenden Baby auf dem Arm. Eine alte Frau, die offensichtlich einem der Bergvölker entstammte, aß mit großen Bissen ein Stück Wassermelone und lächelte mich mit schwarzen Zähnen und von Melonensaft rot gefärbten Lippen an. Ein Blick auf die Armbanduhr: Ich wartete jetzt seit etwa eineinhalb Stunden, dass der Bus losfahren würde. Mutlos sah ich der Aussicht entgegen, etwa acht Stunden auf diesem Plastiksitz verbringen zu müssen, über den Highway Nr. 3 schaukelnd, während mein Kopf im Takt der Schlaglöcher vor und zurück wippen würde.

Wie mutlos wäre ich gewesen, wenn ich die tatsächliche Dauer der Reise erahnt hätte?

Man nennt Laos das Land der Millionen Elefanten. Doch offen gesagt, ich bezweifele sehr, dass es tatsächlich so viele sind. Für mich ist Laos das Land der Millionen Buspannen. Und das ist keine Übertreibung.

Der Busfahrer hupte kurz als Zeichen für die Abfahrt. Ich streckte meine Füße auf einem Reissack aus. Über die Windschutzscheibe zog sich ein Sprung, der aussah wie der Finger einer Hand. Der Bus hatte sechs Gänge, aber nur drei davon schienen zu funktionieren, und das Stöhnen und Wimmern des Getriebes gehörte die Fahrt über zu den ständigen Hintergrundgeräuschen. Genau wie das Würgen der Fahrgäste. Südostasiatischen Frauen wird in Bussen grundsätzlich schlecht, während die Männer und westlichen Frauen davon völlig unbeeindruckt sind – ich bin nicht sexistisch, lediglich objektiv. Warum das so ist, weiß ich nicht, es ist eines der asiatischen Rätsel, die ich in diesem Leben nicht mehr lösen werde. Daher gehören viele kleine schwarze Plastiktüten zur

Grundausstattung jedes Busses – genau wie die AK-47, die der Fahrer in unserem Fall neben sich unter einer gestrickten Decke versteckt hielt.

Die Bezeichnung Highway für die Straße Nummer 3 ist ein Euphemismus. Sie ist wenig mehr als ein schmales Band aus roter Erde, das sich in Schlangenlinien an den Hängen entlangwindet. Wir fuhren durch einige namenlose Orte, Häuser aus Bambus, die mit getrockneten Palmenblättern gedeckt waren, dazwischen Menschen, Ziegen, Kühe sowie Hühner und Vögel, die wie hungrige Truthähne aussahen. Die flache Landschaft wurde gebirgig. Die Luft roch nach Rauch, und ein großer Teil der Hänge links und rechts der Straße war versengt – wahrscheinlich gerodet und in Brand gesetzt, um Platz für neue Felder zu schaffen. Die rostbraune Erde, aufgewirbelt durch die Reifen des Busses, bedeckte meine Haut und drang in meine Nase und meinen Mund. Die meiste Zeit waren wir allein auf der Straße, hin und wieder kam uns ein mit Baumstämmen beladener Lastwagen entgegen. Der Wald reichte bis zum Horizont. Ich blickte ungeduldig aus dem Fenster, stets zur nächsten Biegung der Straße, und hoffte einen Ort oder eine Kreuzung zu sehen, anhand derer ich hätte erkennen können, wie weit wir waren. Aber stets war da nur Wald und hinter der nächsten Biegung noch mehr Wald.

Ein Blick auf die Uhr. Musste der Bus so langsam dahinkriechen? Ich hatte nicht ewig Zeit. Nach den Völkern der Bergdörfer im Norden wollte ich noch die Tempel von Luang Prabang sehen, die Pötte in der Plain of Jars, ich wollte zum Tubing in Vang Vien – Zeit und Geld musste optimal eingesetzt, durch sorgfältige Planung das Bestmögliche aus drei Wochen Urlaub herausgeholt werden. Wie entsetzlich ist die Panik des Touristen, wenn er nach der erste Reisewoche feststellt, dass er bereits ein Drittel seines bezahlten Urlaubs – jene raren Wochen im Jahr, in denen man noch einmal ganz verwegen ein Abenteuer erleben darf – vor allem in Flughäfen, Reisebüros, Bahnhöfen und Bussen verbracht hat und die Speicherkarte der Digitalkamera noch nicht einmal halb mit Bildern gefüllt ist. Wann fängt der eigentliche Urlaub an? Hinter der nächsten Biegung kamen nur noch mehr rostrote Straße und Wald.

Ich musste irgendwann eingeschlafen sein und wurde davon geweckt, dass jemand an meiner Schulter rüttelte. Der Bus stand. Ein Soldat in einem verwaschenen Khakihemd und mit einer Baseballmütze auf dem Kopf. Eine blank gewetzte Kalaschnikow baumelte an seiner Schulter. Ich blickte kurz um mich, draußen standen noch weitere Soldaten, sie trugen Ponchos aus zerknitterter Plastikfolie zum Schutz vor dem Regen, der mittlerweile eingesetzt hatte. Eine Straßenkontrolle. Der Soldat hielt die Hand auf und blickt mich an. Wollte er Geld? Ich suchte mit der Hand bereits nach meinem Geldbeutel, als ein junger Mann ein paar Reihen vor mir hektisch »No!« rief. »No – Passport!«, sagte er lächelnd. Ich holte meinen Pass hervor, aber der Soldat warf noch nicht mal einen Blick hinein. Ich war offensichtlich nicht das, wonach sie suchten. Stattdessen griff der Soldat nach einem groben Leinensack auf dem Boden. Mir blieb fast das Herz stehen, als er dessen Inhalt hervorzog: ein totes Pelztier mit halb offen stehenden Augen. Ich hatte keine Ahnung, was für eine Kreatur das war. »Fuchs-Waschbär-Ratte« beschreibt es am besten. Einer der Fahrgäste stand empört auf und fing einen Streit mit dem Soldaten an. Der Soldat wiederum gestikulierte mit dem Pelztier in der Hand, wobei dessen nach nassem Hund riechender Schweif mir ständig durchs Gesicht wischte. Der junge Mann lächelte mich an: »Das ist alles ganz normal«, sollte das wohl heißen. Nachdem der Soldat mit dem Tier verschwunden war, setzte sich der Bus wieder in Bewegung. Der Regen hatte die Straße aufgeweicht, wir fuhren nun deutlich langsamer. Ich blickte auf die Uhr: Sechs Stunden waren wir bereits unterwegs.

Als ich das nächste Mal auf die Uhr blickte – eine halbe Stunde später – passierte es: Der Bus bewegte sich seitwärts und neigte sich ein Stück, ich musste mich mit den Händen abfangen, um nicht mit dem Kopf gegen die Fensterscheibe zu knallen. Der Fahrer ging vom Gas und riss brutal am Schalthebel. Nachdem das Fahrzeug zum Stillstand gekommen war, ließ er die Kupplung kommen, aber der Bus schüttelte sich nur wie ein müdes Pferd. Ich blickte ratlos umher, um in den Gesichtern der anderen einen Hinweis darauf zu entdecken, was vor sich ging. Meine Mitreisenden sahen sich aber nur wissend an. Dann hörte ich durch das Rasseln des Motors hindurch das hohe Geheule durchdrehender Reifen – wir steckten fest. Die laotischen Fahrgäste verließen ohne Aufforderung des Fahrers den Bus, als würde es sich um ein einstudiertes Ritual handeln. Draußen bildete sich ein Halbkreis: Eines der Hinterräder war in einer schlammigen Rinne versackt, die Achse lag auf der Fahrbahn auf, das ganze Fahrzeug hatte sich beunruhigend zur Seite geneigt.

Der Fahrer verschwand unter dem Bus und legte Ketten um die Reifen, ähnlich den Schneeketten, die wir in Deutschland verwenden. Dann kletterte er wieder in den Bus und gab Gas: Der klebrige Schlamm haftete an den Ketten, und im Nu drehten die Räder wieder durch. Der Motor erstarb mit einem obszönen Geräusch. Ein Blick auf die Uhr: Es war drei Uhr nachmittags, seit acht Stunden waren wir jetzt unterwegs, und in drei bis vier Stunden würde es dunkel werden. Mir fiel auf, wie kühl es inzwischen war – Pullis und lange Hosen hatte ich in meinem Rucksack auf dem Dach des Busses gelassen. Meine Mitreisenden begannen sich auf der schlammigen Straße einzurichten. Sie brachen kleine, noch grüne Zweige von den Ästen der uns umgebenden Bäume, schichteten sie zu ärmlichen Häufchen auf und brachten diese zum Brennen, indem sie Plastikflaschen anzündeten und das brennende Plastik auf das Holz tropfen ließen. Dann hockten sie sich im Kreis um dieses Feuer, auf ihren Hacken sitzend, und rauchten Zigaretten und plauderten.

Ich lief mit verschränkten Armen auf und ab, in Ermangelung eines Gesprächspartners, mit dem ich über die Unfähigkeit des Busfahrers hätte lästern können. Schließlich war doch er der Schuldige! Das ist die Logik des Bahncardbesitzers: Schuldige suchen, lamentieren, reklamieren. Ich hoffte, dass meine demonstrativ zur Schau gestellte schlechte Laune den Fahrer antreiben würde. Aber er konnte mich ohnehin nicht sehen. Er hatte eine Klappe an der Seite des Busses geöffnet, in der er einige Werkzeuge, einen öligen Plastikeimer voller Schrauben und eine Sammlung aus Holzscheiten verstaut hielt, und er wog jetzt einige dieser Holzstücke in der Hand, wie ein Chirurg, der für einen komplizierten Schnitt ein passendes Skalpell sucht. Mit dem ausgewählten Scheit verschwand er dann unter dem Fahrzeug. Ich blickte auf die Uhr: In etwa einer Stunde würde es dunkel werden. Ich war nicht unbedingt erpicht darauf, die schlammigen Serpentinen in der Nacht entlangzufahren.

Dann plötzliche Erleichterung. Der Fahrer kletterte wieder in den Bus und drückte auf die Hupe, als Zeichen, dass alle wieder einsteigen sollten. Der Motor brummte vielversprechend, die Fahrgäste kletterten euphorisch schnatternd über die Reissäcke im Gang zu ihren Sitzplätzen. Und tatsächlich: Wir bewegten uns! Leider nicht sehr weit. Nach etwa fünfhundert Metern war ein knirschendes Geräusch zu hören: Die hintere Achse fraß sich wieder in die Erde. Alle verließen den Bus, hockten sich wieder hin und machten Feuerchen. Der Fahrer öffnete eine Abdeckung im Gang zwischen den Sitzreihen, die zu den Eingeweiden des Busses führte, und blickte mit gerunzelter Stirn hinein. Das Getriebe, das sich die ganze Fahrt über schon beklagt hatte! Langsam wurde mir klar, dass ich der Einzige im Bus war, der sich der Illusion hingab, an diesem Tag noch ein Bett zu sehen. Der Busfahrer hupte noch einmal, aber diesmal stiegen die Fahrgäste ohne Euphorie ein. Sie wussten: Es war, um in dem Bus zu übernachten.

Meine Ungeduld verwandelte sich in Verzweiflung. Es gab keine Toilette weit und breit. Etwa zehn Stunden zuvor hatte ich zuletzt etwas gegessen, eine Nudelsuppe mit etwas

Hühnerfleisch. Meine Wasserflasche war leer. Ich betrachtete meine Mitreisenden, die völlig anders als ich auf die Situation reagierten. Es gab weder Klagen noch Beschwerden, noch Verzweiflung. Sie fügten sich einfach mit einem Lächeln in das, was das Schicksal für sie bereithielt. Sie machten es sich so bequem wie möglich, tauschten Zigaretten und hielten sich mit ein paar Scherzen gegenseitig bei Laune. Sonderbar.

Irgendwann musste ich doch eingeschlafen sein. Denn ich träumte. Zuerst spürte ich ein leichtes Kribbeln im Hinterkopf. Dann träumte ich, dass sich irgendetwas im Inneren meines Kopfes löste. Ich sah mich plötzlich selbst, wie sich meine Muskeln versteiften und mein ganzer Körper anfing zu zittern, sodass ich auf die Reissäcke fiel und meine Augen sich ins Weiße verdrehten. Dann öffnete sich mein Mund, und heraus kletterte ein insektenartiges Wesen, das bis dahin mein Gehirn fest in seinen Krallen gehabt hatte. Seine Augen waren Digitalanzeigen, seine Beine waren Uhrzeiger, und es schimpfte wie ein rostiger Wecker, als es im Unterholz des Waldes verschwand. Das also war mein europäisches Zeitgefühl gewesen. Nachdem es mich verlassen hatte, spürte ich eine große innere Ruhe. Es gab keine Pläne, keine Task-Listen und keine Deadlines mehr. Wichtig war nur noch der Moment.

Während der restlichen Reise habe ich kein einziges Mal mehr auf meine Uhr geblickt. Offen gesagt, ich weiß gar nicht, wo sie ist, ich habe sie verloren. Ich würde Ihnen jetzt gern erzählen, wie am Ende alles gut wurde und ich an meinem Ziel ankam. Aber leider war mein völlig humorloser Verlag der Ansicht, dass das Buch irgendwann mal fertig werden müsste. Außerdem habe ich jetzt schon ganz schön lange getippt. Was wollte ich gerade schreiben? Egal. Ich werde mich erst mal in die Hängematte legen und etwas schlechtes Gras rauchen. Und vielleicht später weiterschreiben. Oder auch nie.

Opium

Ich muss Ihnen ein Geständnis machen. Wenn Sie dieses Buch bis hierhin gelesen haben, konnten Sie sich bestimmt nicht des Eindrucks erwehren, dass ich hin und wieder mal ... nun ja, wie soll ich es ausdrücken? Sie wissen schon. Dass ich hin und wieder mal einen durchlasse ... also ... ähm ... einen baue ... einen aufrolle ... um nicht zu sagen: einen rauche.

Meine Güte, nennen wir das Kind doch einfach beim Namen: dass ich Marihuana konsumiere. Weiß doch jeder, dass wir Europäer in Südostasien ständig Drogen nehmen, dass unsere Gehirne vierundzwanzig Stunden pro Tag vernebelt sind von »Khmer Rouge« und »Thai Super Skunk«.

Ich gebe sogar hin und wieder ein bisschen damit an. Am liebsten in E-Mail-Korrespondenzen, in denen ich als Journalist meine Artikel über Indochina an Zeitungsredakteure nach Deutschland schicke. Dann schreibe ich gern Sachen wie zum Beispiel: »Hier angehängt ist der Text – fertig! Ich lege mich jetzt in die Hängematte und roll mir eine Tüte ;-) Gruß, Benjamin.«

Dann denke ich mir: »Hihihi ... Der arme Bionaden-Spie-ßer sitzt jetzt in seinem Büro unter Neonlicht vor einer depressiven Zimmerpflanze und trinkt seinen Filterkaffee. Und wenn er nach Hause kommt, wird er von seiner Frau angeschnauzt, weil er sein Kind zu spät von der Kita abgeholt hat. Und wenn sie sich am Abend die Wiederholung des Tatorts ansehen, dann denkt er an mich in der Hängematte, wie ich meinen aufregenden Hemingway-Graham-Greene-Hippie-Kriegsreporter-Lifestyle pflege.«

Tja, jetzt mein Geständnis: Ich nehme gar keine Drogen. Kein bisschen. Ich würde ja gern. Alle meine Freunde, die heute in Deutschland als Produzenten oder Führungskräfte bei Versicherungen arbeiten, rollen sich weltmännisch und subversiv einen Joint, sobald sie von der Arbeit nach Hause kommen. Und ich sitze hier sozusagen an der Quelle – und die härteste Droge, die ich nehme, ist Dosenbier. Das konsumiere ich allerdings reichlich. Denn ich genieße es sehr, in einem Land zu leben, in dem es kein Dosenpfand gibt und in dem jede Form von Political Correctness völlig unbekannt ist.

Ehrlich gesagt: Die angenehmen Seiten von Marihuana für mich zu entdecken ist eines der Lebensprojekte, das ich in dieser Inkarnation nicht mehr zum Abschluss bringen werde – genauso wenig wie mein Vorhaben, eine Kampfsportart zu erlernen. In meinen Jugendtagen wusste ich zwar, was sich gehört, und habe pflichtbewusst Drogen genommen. Aber die Erinnerungen daran verbinde ich vor allem mit Übelkeit und Kopfschmerzen. Außerdem habe ich gar keine Zeit mehr für Drogen. Ich muss ja ständig meine Tochter zur Schule bringen und wieder abholen.

Ich hatte allerdings eine Drogenerfahrung, an die ich mich gern erinnere. Es war im Jahr 2003, während meiner ersten Asienreise: Auf einer Wanderung durch den Norden von Laos übernachtete ich in einem kleinen Dorf des Bergstammes der Akha in der Nähe von Muang Sing. Als ich mein Nachtlager in einer der strohgedeckten Stelzenhütten herrichten wollte, fragte mich ein Mann, ob ich nicht mit einigen Dorfbewohnern zusammen Opium rauchen wollte. Er hatte vom

Tabak gelb gefärbte Fingernägel, ein Lächeln voller Zahnlücken und eine Haut, die runzelig und faltig wie zerknittertes Butterbrotpapier war und sich über den Rippen seines nackten Brustkorbes spannte. Wir schulterten ein paar Bastmatten und liefen aus dem Dorf in den Wald hinein, »wegen den Soldaten«, wie die Einheimischen sagten. Dann breiteten sie die Matten an einem Berghang zu einem Lager um eine kleine, aus Dosenblech geschweißte Öllampe aus. Über uns hing ein grandioser Sternenhimmel, Glühwürmchen schwebten zwischen den Bäumen.

Der Mann ließ sich auf einer Matte nieder und holte einen schwarz-braunen, in die Plastikfolie einer Zigarettenverpackung gewickelten Klumpen hervor. Die Pfeife bestand aus einem einfachen Bambusrohr, der Pfeifenkopf war ein zylinderförmiges Arzneifläschchen aus Glas, in dessen Seite ein winziges Loch gebrannt war. Er zerrieb Aspirintabletten in einem kleinen Porzellanmörser, dann mischte er das Pulver mit der Opiumpaste und etwas Opiumasche, trennte ein Stück von dem Klumpen ab und formte eine Kugel daraus, die nicht viel größer war als ein Stecknadelkopf. Die Kugel drückte er auf das kleine Loch im Pfeifenkopf und erhitzte beides kurz über dem Öllämpchen. Dann setzte er die Pfeife an, wobei er ständig mit der Nadel die Opiumpaste in das kleine Loch stieß. Das Opium wurde vom Sog in das Innere des Pfeifenkopfs gezogen, und das Arzneifläschchen füllte sich mit weißem Rauch, den er mit einem Zug einsog. Dann atmete er gedehnt aus und trieb davon.

Danach war ich dran. Er bereitete die Pfeife für mich vor. Durch meine Lungen trieb ein süßsaurer Geruch, dessen Aroma wie nichts war, was ich kannte. Es war ein Zustand, in dem der Körper träge, aber der Geist wach war. Mir kam es vor, als würde ich in dem warmen Wasser eines Flusses in Richtung Meer treiben. Eine Nacht voller tiefer Erkenntnisse über die Zusammenhänge meines Lebens – die ich leider am nächsten Morgen alle wieder vergessen hatte.

Ich denke gern an diese Nacht zurück. Es ist, als hätte ich dort in Laos für die Dauer eines Atemzugs die Luft des alten Indochinas eingesogen. Als hätte ich den zynischen Kommentaren eines französischen Plantagenbesitzers über den Niedergang der Region gelauscht, während seine katzenäugige Mätresse ihm die Pfeife stopft. Mit Air-America-Piloten in Vientiane eine Opiumhöhle besucht. Im Rausch mit Graham Greene im »Hotel Majestic« in Saigons Rue Catinat über Politik diskutiert.

Natürlich blende ich bei dieser Erinnerung einige Details aus. Zum Beispiel, dass ich nicht in geheimer Mission, sondern mit zwei einheimischen Touristenführern unterwegs war, die für eine Eco-Tourism-Agentur arbeiteten. Und dass die beiden wahrscheinlich jeden Touristen auf diesen Berghang schleppten, da die authentische Opiumerfahrung der Europäer einen kleinen Zuverdienst für sie bedeutete. Und dass ich einen Bauchgurt voller Travellerchecks trug und meine Füße mit Autan eingerieben hatte. Trotzdem: In diesen Stunden war Asien so, wie es sein sollte.

Heute ist es in Laos nicht mehr ganz so einfach, seine Erfahrung mit Opium zu machen. Schon 2002 wurde der Anbau verboten. Drei Jahre später erklärte sich das Land für »Opium-frei«. Das war zwar eine krasse Übertreibung, richtig ist jedoch, dass heute nur noch ein Bruchteil der Menge von Mohnblüten angebaut wird, die damals die Berghänge bedeckte. Bei der Freude über diese Nachricht wird leider oft vergessen, dass der Rückgang des Opiumanbaus vor allem durch die Zwangsumsiedlungen der Bergvölker in die Niederungen des Landes erreicht wurde.

Vor Kurzem saß ich mit einem Freund an der Flusspromenade in Phnom Penh in Kambodscha. Aus einer Laune heraus beschlossen wir, meine traumhafte Opiumerfahrung noch einmal zu wiederholen. Mein Freund ist einer dieser Menschen, die jeden Zweiten in der Stadt zu kennen scheinen. Und so brauchte es nur einige Telefonate und eine halbe Stunde des

Wartens, bis wir ein Tütchen mit brauner Paste in den Händen hielten. Ich mischte den Inhalt mit etwas zerstoßenem Aspirin, obwohl ich keine Ahnung hatte, was der Zweck dieser Prozedur sein sollte. Vielleicht, dass man am nächsten Morgen weniger Kopfschmerzen bekam? Eine vernünftige Opiumpfeife hatten wir natürlich nicht. Die Pfeifen, die man auf dem Russenmarkt in Phnom Penh an Touristen verkauft, erwiesen sich als völlig untauglich: Sie waren undicht und zogen Luft an Stellen an, wo sie es eigentlich nicht sollten, oder ihr Lack platzte in der Hitze ab. Wir zerdrückten eine Coladose und bohrten eine kleine Öffnung in die Seite. Dann erhitzten wir die Dose mit dem Opium über einem Feuerzeug und sogen den Rauch über die Trinköffnung ein. Leider fühlten wir uns kein bisschen wie Graham Greenes Erben. Eher wie zwei verzweifelte Crack-Junkies.

»Merkt du was?«, fragte mein Freund.

»Nö«, sagte ich.

Wir warteten noch einen Augenblick, ob vielleicht doch noch ein Opiumtraum einsetzen würde.

Dann kaufte ich uns zwei Dosenbier.

Denguefieber

Ich kann verstehen, dass der alte Mann zuerst misstrauisch war. Ich sah ja auch schlimm aus: zusammengesunken, mit halb geschlossenen, blutunterlaufenen Augen. Das lag am Fieber. Ich saß nur da am Ufer des Mekong und schaute auf das Wasser, das von Laos aus an der thailändischen Grenze entlang bis nach Kambodscha fließt. Die Zeit verstrich, das Wasser strömte den Fluss hinunter, Touristen strömten durch Luang Prabang, die Viren strömten durch mich. Mir war alles egal. Am Morgen war ich aufgewacht, mit schmerzenden Gelenken und glühendem Kopf. Ein Jumbo-Fahrer hatte mich zu einem Krankenhaus außerhalb der Stadt gebracht. Ein Arzt maß Fieber, nahm mir Blut ab, und dann schlief ich einige Stunden auf einer Trage, mit einer Infusion im Arm, bis mir jemand einen Zettel in die Hand drückte: *dengue fever*. Eine durch Mücken übertragene Viruskrankheit, gegen die es keine Medikamente gibt. Ich hatte eine milde Form davon, nicht schlimmer als eine hartnäckige Grippe, die verbunden ist mit tiefer Antriebslosigkeit.

Ursprünglich wollte ich nur einen Tag in Luang Prabang bleiben und dann Richtung Süden nach Kambodscha weiterreisen. Aber das ging nun nicht mehr. Ich gab mein Zimmer in einem der Backpacker-Gästehäuser auf und zog in eines der etwas besseren Hotels – mit Klimaanlage und eigenem Badezimmer. Ich plante, die Krankheit auszuschlafen. Doch schon bald flüchtete ich. Das Surren der Klimaanlage, die Wegwerfhausschuhe, die Duschhauben, die Papierbanderole mit der Aufschrift »Desinfected« auf dem Toilettensitz, die weißen Handtücher mit dem Logo des Hotels sowie die eingeschweißten Zahnbürsten schienen mich durch ihre Unpersönlichkeit daran erinnern zu wollen, wie allein ich war. Ich ertrug weder die Einsamkeit des Zimmers noch die frisch geduschten und gut gelaunten Touristen in den Bars. Daher setzte ich mich an den Fluss.

Ich hatte den alten Mann schon eine Weile beobachtet, bevor er mich bemerkte. Er stand auf einem der Felsen aus spitzen Vulkangestein und warf sein Netz aus, ein ums andere Mal, ohne etwas zu fangen. Er wickelte es immer wieder um seinen Ellenbogen, mit der Sorgfalt, mit der man einen Fallschirm zusammenlegt. Dann schleuderte er es mit einer Drehung aus der Hüfte in die Luft über dem Fluss, wo es sich zu einem perfekten Kreis entfaltete, um dann auf der Wasseroberfläche aufzuschlagen und niederzusinken. Er würde sich auf seine Hacken setzen und eine Weile warten und sich vielleicht eine seiner kurzen, selbst gedrehten Zigaretten anzünden. Danach würde er das Netz einholen, wie in Zeitlupe, immer wieder innehaltend, um seine Schwere zu prüfen.

Dann bemerkte er mich, einen Weißen, einen *falang*. Ich spürte seine Irritation. Es ist nicht so, dass Weiße eine Seltenheit in Luang Prabang wären. Sie strömen zu Hunderttausenden durch den Ort, der selbst nicht mehr als ein paar Zehntausend Einwohner hat. Die Touristen fotografieren die Pagoden und die Mönche in den safranfarbenen Roben, die morgens in einer Reihe durch die Straße laufen und Almosen sammeln. Doch ich war nicht da, wo ich hingehörte: an die Bar des »L'Elephant«, bei einem Yogakurs oder auf den

Nachtmarkt, wo ich mir mit buddhistischen Motiven bestickte Lampenschirme oder Seidenkissen hätte kaufen können. Ich saß stattdessen hier unten am Fluss, wo die Frachtkähne und Fischerboote vertäut waren.

Der Mann blickte zu mir herüber und lächelte mich an. Ein neutrales asiatisches Lächeln. Vielleicht hielt er mich ja für einen der Weißen, die dem billigen asiatischen Heroin zum Opfer gefallen waren. Und die irgendwann mit einem von ihrer Botschaft bezahlten Ticket nach Hause geflogen werden. Neben ihm saß ein Mädchen, das jede seiner Bewegungen gespannt verfolgte. Ihre Enttäuschung, wenn das Netz wieder leer war, war nicht zu übersehen.

Die beiden passten nicht zusammen. Er war zu alt, um ihr Vater zu sein. Wenn man in sein Gesicht blickte, mochte man ihn zunächst für gebrechlich halten. Er hatte ein von der Sonne gegerbtes dunkles Antlitz mit weißen Bartstoppeln darin. Aber sein Bizeps war prall wie der eines Kickboxers. Ihre Haut dagegen war hell wie die einer Chinesin, sie trug einen Pferdeschwanz, der von einer rosa Haarklammer zusammengehalten wurde, auch ihr Kleid war rosa. Vielleicht war sie seine Enkelin, das Kind einer Tochter, die den sozialen Aufstieg geschafft hatte – nicht mehr fischen und Reis anbauen, sondern Arbeit in einem klimatisierten Büro? Das Kind setzte sich vor mich hin und blickte mich an, den Kopf auf eine Hand gestützt, ohne Distanz oder Scheu, so wie man ein Tier im Zoo in aller Ruhe betrachtet. Er drehte sich zu uns um. Offenbar war es ihm unangenehm, sie so nah bei mir zu sehen. Wahrscheinlich überlegte er, ob er etwas unternehmen sollte. Dann sprang sie von selbst auf und lief in tänzelnden Sprüngen zu ihm hinüber.

Ich saß noch dort, bis das Licht golden wurde, dann ging ich zurück ins Hotelzimmer. Ich schaltete den Fernseher ein und wählte MTV; mit dem Lärm versuchte ich die Einsamkeit zu vertreiben. Bis das Personal mich schließlich bat, die Lautstärke runterzudrehen.

Ich wachte auf, als es hell zu werden begann. Ich setzte mich wieder an die gleiche Stelle am Fluss. Als ich den Mann und das Mädchen kommen sah, trug er die gleiche Hose wie immer, über die Schulter hatte er das Netz gehängt. Ihre Haare waren wieder zu einem Pferdeschwanz gebunden, und sie trug einen Pullover mit japanischen Superhelden darauf. In ihrer Hand hielt sie einen leeren Farbeimer. Er nickte mir kurz zu, dann schleuderte er sein Netz aus. Sie stellte den Eimer neben mir ab und guckte mich an.

Ich holte meine Digitalkamera aus der Tasche, so ein Ding von Sony, in silbermetallic, das ich eigentlich nicht mag. Denn jedes Mal, wenn ich die Kamera in der Hand halte, gibt sie mir das Gefühl, noch fremder zu sein, als ich in dieser Gegend ohnehin schon bin. Ich wollte allerdings kein Foto machen, sondern nur etwas zum Betrachten in der Hand halten, um nicht in die Verlegenheit zu kommen, den Mann und das Mädchen zu offensichtlich zu beobachten. Ich tat so, als würde ich mir einige Fotos auf dem Display ansehen.

Plötzlich spürte ich ihre Haare im Nacken. Sie hatte sich hinter mich geschlichen und blickte mir über die Schulter. Ich hielt ihr die Kamera hin. Sie nahm sie und wusste sofort, wo der Auslöser war. Sie fotografierte: den alten Mann. Die Felsen. Eine im Wasser treibende Plastikflasche. Einen hinkenden Hund. Nur mich fotografierte sie nicht. Und sie fotografierte keine Fische.

Ich setzte mich an den Strand und baute aus dem nassen grauen Sand eine glockenförmige Stupa. Sie machte ein Foto und lief sofort zu dem Mann, um es ihm zu zeigen. Als Nächstes formte ich aus dem Sand ein grimmiges Krokodil mit schwarzen Augen aus Tamarindkernen. Plötzlich hörten wir das Flattern von Flossen. Der Alte hatte das Netz eingeholt und nun zappelten kleine Welse auf den Felsen und schlängelten sich auf der Suche nach Wasser geschickt über den Boden. Der Eimer! Sie hatte vergessen, ihm den Eimer bereitzustellen. Ich brachte ihm schnell das Gefäß und half ihm, die Fische aufzusammeln, bevor sie ihren Weg zurück ins Wasser gefunden hätten. Sie fotografierte alles.

Nachdem die Fische am Grund des Eimers lagen, zeigte uns das Mädchen die Fotos. Keiner von den beiden sprach auch nur ein Wort Englisch. Er gab mir einen Fisch in einer Plastiktüte, in der vorher fettiges Gebäck gewesen war. Der Mann war so weitsichtig, mir einen Wels zu geben, der bereits tot war. Ich wusste nicht, wie ich mich bedanken sollte, und schüttele ihm daher linkisch die Hand; er schien die Botschaft zu verstehen. Ich versuchte, den Fisch mit großer Beiläufigkeit in der Hand zu halten, so als bekäme ich ständig tote Welse geschenkt.

Auf dem Weg zurück ins Hotel betrachtete ich das Tier. Ich hatte keine Ahnung, was ich mit dem Fisch anfangen sollte, und trotzdem war ich stolz: Mein persönlicher Fang des Tages! Mein erster laotischer Fisch! Zurück in meinem Hotelzimmer legte ich ihn in die Minibar, zwischen die Schokoladenriegel und Softdrinks. Ich nahm eine Gute-Nacht-Tablette, schaltete den Fernseher ein und hoffte, dass vielleicht die vorhersehbare Handlung eines amerikanischen Spielfilms mich in den Fieberschlaf begleiten würde. Das Hotelzimmer fühlte sich nicht mehr ganz so verlassen an.

Armut

Als sie mich fragte, ob sie sich neben mich setzen dürfe, sagte ich ja, aber eigentlich meinte ich nein. Verdammte Political Correctness. Sie hatte ein Gesicht, dem man ansah, dass es mal schön gewesen sein musste. Ihre Schneidezähne fehlten. Die Haut war runzelig und mit Moskitostichen übersät. Sie trug einen ausgeleierten Pullover, der vor langer Zeit wohl gelb gewesen war, den jedoch die Nächte auf dem verschmutzten Asphalt der Straße grau gefärbt hatten. Es war mir unmöglich, ihr Alter zu schätzen. Wahrscheinlich war sie jünger als ich, vielleicht gerade mal Mitte zwanzig. Sie roch. Wir befanden uns auf der Terrasse eines Gästehauses in Vientiane, wohin ich nach meinem Aufenthalt in Luang Prabang weitergereist war. Ich blieb hier einige Tage, setzte mich immer in den gleichen Korbsessel mit Blick auf den Mekong und schrieb, bis der Nachmittagsregen einsetzte.

An Schreiben war jetzt erst mal nicht mehr zu denken. Sie setzte sich neben mich, beide Handflächen zwischen die Oberschenkel geklemmt, und lächelte mich an, bis sie sich an ihre Zahnlücke erinnerte. Sie musste sich in einem unbeobachteten Augenblick an der Rezeption des Gästehauses vorbeigeschlichen haben. Ich fragte mich, was sie von mir wollte. Offen gesagt, ich erwartete, dass sie versuchen würde, mich dazu zu überreden, mit ihr auf ein Zimmer zu gehen. Dann verwarf ich den Gedanken wieder. Sie war zu verlebt und zu dreckig, um eine Prostituierte zu sein.

»Can I have Ice Coffee?«, fragte sie schüchtern. Ich nickte, sie rief eine Bedienung, die ihr mit nicht zu übersehender Abneigung einen Eiskaffee brachte. Danach saß sie nur neben mir, sagte nichts und nuckelte am Strohhalm. Über dem Fluss zog ein Flugzeug vorbei, wahrscheinlich ein Passagierjet voller Touristen, die gerade von den Tempeln von Luang Prabang zurückkehrten. Sie sah ihm verträumt nach, dann drehte sie den Kopf zu mir, deutete mit einer flüchtigen Bewegung des Zeigefingers auf das Flugzeug, das in der Ferne verschwand, und lächelte wieder. Das hieß wohl: »Da säße ich auch gern drin.«

Es gelang mir nicht länger, mich auf mein Laptop zu konzentrieren. Sie ahnte meine Ratlosigkeit. »I want talk only«, sagte sie. »Nobody talk with me.« Dann, nach einer weiteren Minute des Schweigens, sagte sie es noch mal: »Thank you for talking to me!« Sie machte eine kleine Verbeugung, bei der sie die Hände vor dem Körper aneinanderlegte. Ich hatte ein schlechtes Gewissen. Dass es niemanden gab, der mit ihr reden wollte, war bestimmt keine Übertreibung. Ich wollte mich ja selbst lieber meinem Laptop zuwenden als ihr.

»Do you want money?«, fragte ich. »No, I don't want money«, sagte sie. »No money. Make only problems. I just want to be friend. Thank you.«

Ich konnte nicht glauben, dass sie sich unerlaubt in Gästehäuser schlich, nur um dort Freundschaften zu schließen. Wir unterhielten uns etwas auf Englisch. Tolstoi sagt, dass jede unglückliche Familie auf ihre besondere Weise unglücklich sei, aber das konnte ich wieder einmal nicht bestätigen: Es war eine Geschichte, wie ich sie schon oft gehört hatte: zerstörte Ehe, die Eltern getrennt, der Vater Alkoholiker, Geschwister, von denen einige den Absprung aus der Armut geschafft und den Kontakt zur Familie abgebrochen hatten und andere in der Prostitution oder im Knast gelandet waren. Es war immer der gleiche Alltag zwischen Kartenspielen im Hinterhof, Fernsehen und Drogen, prügelnden Ehemännern, Abtreibungen mit Drahtstücken. Sie habe auch als Prostituierte gearbeitet, aber das gehe jetzt nicht mehr, sagte sie mit einem Lächeln, als wolle sie sich für ihr Aussehen entschuldigen.

Ich habe meine Erfahrung mit Armut. Das heißt, ich habe sie nie selbst zu spüren bekommen. Ich hatte während meines Lebens oft kein Geld, aber das ist etwas ganz anderes als echte Armut. Ich hatte liebende Eltern und die Gewissheit, eine Ausbildung machen und mein Leben selbst gestalten zu können. Wahre Armut sah ich erst, als ich die Familie meiner kambodschanischen Frau Sreykeo kennenlernte. Armut bedeutet völlige Hoffnungslosigkeit, vollendete Lethargie, das Gefühl, dass unbekannte Mächte über das eigene Leben bestimmen. Wenn man diese Gewissheit erst mal verinnerlicht hat, kann auch Geld nicht mehr helfen. Menschen, die wirklich in Armut leben, nehmen Geld nicht als eine Möglichkeit wahr, ihr Leben zu ändern. Sondern nur noch als Möglichkeit zur Ablenkung, zum Vergessen. Geld ist weder das Problem noch die Lösung.

Sie blickte nach unten und rieb ihre zerstochenen Füße aneinander. Niemand rede mit ihr, sagte sie, niemand wolle sie auch nur in der Nähe haben. »Sie nennen mich Dieb.« Da, ihre Flip-Flops – auch gestohlen, sagte sie. Ich betrachtete ihre aufgesprungene Haut und fragte ganz direkt, ob sie HIV habe. »No, no«, antwortete sie energisch, sehr bemüht, mich davon zu überzeugen, dass sie nicht infiziert sei. Wahrscheinlich hatte sie Angst, dass ich sie wegschicken könnte. »I'm clean«, sagte sie noch mal nachdrücklich, einen Ausdruck benutzend, den sie nur von einem amerikanischen Freier gelernt haben konnte. Auch Yaba habe sie geraucht, die Droge aller Jugendlichen in Asien. Und Meth, kristallines weißes Pulver aus kleinen Briefchen, mit aus Wasserflaschen und Strohhalmen selbst gebastelten Wasserpfeifen. »I crazy«, sagte sie, wieder mit diesem entschuldigenden Lächeln. Wer crazy ist, kann nur noch auf das Ende und ein besseres nächstes Leben warten. Ich konnte mir nicht erklären, warum sie mich ausgewählt hatte.

Da ich ohnehin nicht mehr würde arbeiten können, packte ich mein Laptop ein, und wir schlenderten zusammen durch das Viertel. Sie zeigte mit, wo sie schlief: Nachts ließ ein Jumbo-Fahrer sie auf die Holzbank in seinem Fahrzeug. Ich wollte ihr kein Geld geben, da ich schon oft gesehen habe, wie sich das Verhältnis zwischen zwei Menschen verändert, wenn Geld ins Spiel kommt – es korrumpiert. Ich sagte ihr, dass ich am nächsten Morgen um acht Uhr wieder zu ihr kommen würde. Falls sie weiter reden wolle. Sie nickte.

Ich hatte mir ein Fahrrad gemietet, auf dem ich nun zurück zum Gästehaus radelte. Während ich meinen Weg durch den lärmenden Verkehr suchte, grübelte ich über das Mädchen nach. Wieso hatte sie mich angesprochen, um mir von ihrem Leben zu erzählen? Warum hatte sie nicht nach Geld gefragt? Ich erwartete nicht, dass ich sie noch einmal sehen würde. Wahrscheinlich würde sie sich nicht einmal an unsere Verabredung erinnern können.

Doch am nächsten Morgen sah ich sie schon von Weitem in dem Jumbo sitzen und warten.

Sie rief mich: »Ben, Ben!« Sie strahlte, war selbstbewusst, gut gelaunt. Wir gingen ein Sandwich an einem Straßenstand essen. Zu meiner eigenen Überraschung freute ich mich, sie wiederzusehen.

Ich wollte sie eigentlich zu einem Eiskaffee auf der Terrasse des Gästehauses einladen, doch der Besitzer stellte sich uns in den Weg und rief »No! No! No!«, während er hektische abwehrende Bewegungen mit den Armen machte. Also liefen wir zurück zu ihrem Jumbo und unterhielten uns dort. Sie sagte, in der Nähe werde eine der kleinen Wellblechbuden vermietet, sie koste nur dreißig Dollar. Ich sagte, ich wolle ihr kein Geld geben, weil ich nicht wüsste, ob ich ihr vertrauen könne. Nun rief sie »No, no« und wehrte sich mit heftigen Armbewegungen gegen die Unterstellung, es könne ihr um Geld gehen.

Während ich zurück zum Gästehaus radelte, dachte ich weiter über sie nach. Vielleicht würde ich ja wirklich etwas in ihrem Leben verändern können. Vielleicht könnte ich auf einem Blog über ihre Entwicklung berichten, dachte ich voller Eitelkeit.

Am nächsten Morgen saß sie wieder in dem Jumbo und wartete auf mich. Mein Misstrauen hatte sich endgültig zerstreut. Ich freute mich darüber, dass sie kein Geld wollte und jeden Morgen zu unserer Verabredung erschien. Sie sagte, sie wolle Vientiane verlassen und zurück zu ihrer Familie, weg von der Stadt, den Drogen. Sie brauche Geld für das Busticket. »Wenn ich dich anlüge, kannst du mir ruhig eine in die Fresse hauen«, sagte sie und haute sich selbst mit der Faust auf die Nase, um ihr Angebot zu unterstreichen.

Ich überlegte kurz, während ich auf ihre Zahnlücke blickte. Die Flucht aus der Stadt schien mir tatsächlich das Beste für sie zu sein. Zudem war es ein eleganter Weg, mich aus der Verantwortung zu stehlen. Ich beschloss, ihr den Preis für die Fahrt zu bezahlen, ihr allerdings nie das Geld direkt in die Hand zu geben.

Wir fuhren auf meinem alten Damenrad zu dem Platz, an dem die Busse abfahren. Ich strampelte, und sie saß auf dem Gepäckträger und erzählte fröhlich vor sich hin. Die Busse fahren von einem Platz in der Nähe des Neuen Marktes ab. Es sind verbeulte japanische Vans, die schwarze Rauchwolken hinter sich herziehen und die grundsätzlich derart voll beladen sind mit Menschen und Gepäck, dass ihre Heckklappen mit Seilen festgezurrt werden müssen. Es gibt keinen Fahrplan und keine Tickets, die Fahrer stehen neben ihren Vans und rauchen Zigaretten, bis genug Fahrgäste zusammengekommen sind, damit nach den Benzinkosten und den Bestechungsgeldern für die Verkehrspolizisten noch ein bisschen Gewinn herausspringt.

Sie verhandelte mit dem Fahrer und sagte mir, ich solle im Hintergrund bleiben, denn er werde sicherlich den Preis erhöhen, wenn er einen Weißen sah. Ich beobachtete, wie die beiden miteinander sprachen, dann kam sie zu mir und sagte, ein Platz auf dem Dach des Vans koste etwa 3,5 Dollar. Ich gab ihr das Geld. Sie ging zum Fahrer, kam zurück und hielt die Scheine noch immer in der Hand. Sie sagte, der Bus werde erst in einigen Stunden abfahren, sie werde dem Fahrer das Geld kurz vor der Abfahrt geben, damit er uns nicht betrügen könne.

Es gab einen ganz kurzen Moment des Schweigens zwischen uns. Und in diesem Moment änderte sich unser Verhältnis.

Ich blickte auf ihre Hand: Sie hielt die kleinen, fettigen und zerknüllten Scheine fest in ihrer Faust, und nichts in der Welt würde ihr das Geld wieder entreißen können. Vielleicht erscheint es sonderbar, dass ich diesen kleinen Betrag so wichtig nahm. Aber mir ging es nicht um das Geld, sondern um unser Verhältnis. Es ist seltsam, welche Macht von den Scheinen ausgeht. Sie würde es nicht wieder rausrücken, weil es das Geld war, worüber sie den ganzen Tag nachdachte, weil es Essen für sie war und sie Hunger hatte, weil es Droge war und sie vergessen musste. Ich dagegen wollte es zurückhaben, um nicht zugeben zu müssen, wie naiv ich war. Jene verblüffende Offenheit, mit der sie von sich selbst erzählt hatte, war weg, und an ihre Stelle trat eine unausgesprochene Feindseligkeit. Ich beschloss, erst mal nichts zu machen und zum Gästehaus zurückzufahren.

Während ich in die Pedalen trat, saß sie auf dem Gepäckträger und begann auf einmal hysterisch zu kichern, so laut, dass sich die Passanten zu uns umdrehten. Ich fragte etwas verärgert, was los sei. »Happy!«, sagte sie nur. »So happy!«

Am Eingang des Viertels gab es einen kleinen Stand, an dem die Jumbo- und Motorrad-Taxifahrer zu Mittag aßen: Aus grauen Planken gezimmerte Tische und Bänke, eine Plane als Dach, auf tönernen Feuertöpfen brodelnde Pfannen, rosa Plastikteller, verbogene Blechgabeln. An diesem Tag gab es gebratenen Ingwer mit Hähnchenfleisch. Sie bestellte sich einen Teller, bezahlte das Essen mit dem Geld, das für den Fahrpreis gedacht war. Und zerstörte damit die letzten Zweifel, dass ihre Geschichte von der Heimkehr zu ihrer Familie vielleicht doch mehr war als eine elaborierte Lüge, um an Geld zu kommen – genau das, was ich befürchtet hatte. Sie machte sich nicht die Mühe, einen Löffel zu benutzen, und stopfte sich den Reis mit der Hand in den Mund.

»You lied to me«, sagte ich.

Sie blickte mich an und kaute, offenbar war sie zu sehr mit dem Essen beschäftigt, um sich eine neue Lüge auszudenken.

Was sie denn auf dem Land ohne Geld hätte machen sollen, fragte sie zurück. Wenn ich ihr dreihundert Dollar gegeben hätte, dann hätte sie auf dem Markt Schuhe kaufen können, die sie in ihrem Dorf wieder verkauft hätte.

Ich fragte sie, ob sie gerade dreihundert Dollar von mir verlangt habe.

Sie ruderte sofort zurück, aus Sorge, sie könnte mich als Geldquelle völlig verlieren.

Es sei nur ein Beispiel, sie wolle keine dreihundert Dollar von mir, nur ein Beispiel.

Ich stand auf und ging. Sie versuchte nicht, mich aufzuhalten. Ich war enttäuscht, verärgert, weniger über sie, als über mich: Ich hatte mich selbst dabei ertappt, wie ich einen alten Fehler beging – ich hatte dem Glauben nachgehangen, man könne mit ein paar Geldscheinen und einigen gut gemeinten Ratschlägen das Leben eines Menschen ändern.

Eigentlich weiß ich es besser. Während meiner Zeit in Südostasien habe ich unzählige dieser Situationen erlebt. Und ich sehe immer wieder Bekannte, die hierherkommen und den Wunsch entwickeln, jemandem zu helfen – einem Bargirl vielleicht oder einem Straßenkind. Am Anfang dieser Geschichten stehen meist Enthusiasmus und Euphorie, und am Ende stehen Lügen und Frustration. Die Armen sind nicht dumm. Sie wissen, dass sie in unseren Augen nur Opfer sind, namenlos Leidende, Projektionsflächen für unseren Wunsch nach etwas Sinn und nach Erfüllung im Leben. Sie wissen, dass wir kein wirkliches Interesse an ihnen haben. Und sie bestrafen uns für unsere Arroganz. Sie wissen genau, welches Lied wir hören wollen, und sie singen es für uns. Sie hassen uns dafür, dass wir ihnen mit unserer arroganten Großzügigkeit ihre Hilflosigkeit vor Augen führen. Sie spielen mit den Nuancen des Mitleids, werden zu Profi-Opfern. Sie begegnen uns mit einer perfekt abgestimmten Mischung aus Hilflosigkeit, Dreistigkeit und Dankbarkeit.

Ich will damit nicht sagen, dass es unmöglich ist zu helfen. Es gibt schließlich genug Beispiele, in denen ein Reisender das Leben eines Waisenkindes von Grund auf verändert hat.

Mir fällt die Geschichte eines eigenbrötlerischen Fremdenlegionärs ein, der sich eines Waisenkindes annahm. Heute ist das Kind eine blitzgescheite junge Frau, die fließend englisch und französisch spricht und für die kambodschanische Filmkommission arbeitet. Der Legionär sah in seiner Unterstützung eine lebenslange, unaufkündbare persönliche Verbindung. Aber ich glaube, dass der Respekt und die Liebe, die sich zwischen den beiden ergaben, wichtiger waren als das Geld.

Ich begegnete der Frau ein paar Tage später wieder. Sie saß im Schatten einer Tankstelle in der Nähe des Gästehauses. Tankstellen sind gute Orte zum Betteln. In Laos bezahlt man nicht an einem Tresen, sondern direkt an der Zapfsäule. Unzählige Menschen, die ihre Geldbörsen und Wechselgeld in der Hand halten. Sie rief meinen Name: »Ben! Ben!« Ich fuhr weiter, und weiterzufahren ist kein schönes Gefühl. Ich wusste, unsere Beziehung wäre nur zu einem ewigen Hin und Her aus Lügen und Schuldgefühlen geworden. Dann rief sie : »I'm sorry! I'm sorry!« Ich hielt kurz an und blickte zurück. Ich sagte: »I'm sorry, too.«

Es war nicht gelogen.

Am Grab des Reisenden

Ich finde das Grab des Entdeckers auf einer Waldlichtung. Nicht, dass die Suche kompliziert gewesen wäre. Jeder Jumbo-Fahrer in Luang Prabang kennt den Weg. Nach etwa einer Stunde Fahrt steht ein kleines Schild am Straßenrand, das ins Dickicht weist: »Henri Mouhot«. Das Grab ist ein gemauerter Sarkophag inmitten des Waldes, umgeben von Farnen und Schlingpflanzen. Vertrocknete Blätter bedecken die Oberseite. Das Weiß der frisch getünchten Mauern hebt sich ab von den Grau-, Braun- und Grüntönen des Waldes. Ich setze mich neben das Grab und lausche. Über mir bewegt der Wind die Blätter der Bäume, und die Zikaden geben ihr Kreissägenkonzert in den Kronen.

Diese Geräusche muss auch er gehört haben, als er mit seinen zwei Begleitern im Wald übernachtete. Auch in der Nacht, in der er starb.

Vom Schicksal des Entdeckers Henri Mouhot erfuhr die Welt 1861. Ende des Jahres klopften zwei Chinesen an die Tür des britischen Konsulats in Bangkok – Phrai und Deng, Träger und Weggefährten des Franzosen. Sie hielten eine Kladde in der Hand und sagten, sie müssten die Blätter dringend übergeben. Es war sein Tagebuch. Die letzten beiden Eintragungen waren mit unsicherer, zitternder Hand geschrieben.

15. Oktober. – 58 Grad Fahrenheit. Brechen auf Richtung Luang Prabang.
16. Oktober. –
17. Oktober. –
18. Oktober. – Haben bei H. angehalten.
19. Oktober. – Von Fieber angegriffen.
29. Oktober. – Habe Gnade mit mir, mein Gott!

Es ist ein Grab, eines Entdeckers würdig: Ironischerweise geriet es mehrmals in Vergessenheit, wurde vom Wald verschluckt und musste wiederentdeckt werden – das letzte Mal erst 1990. Sein Tagebuch, gedruckt von einem Verlag in Bangkok, habe ich in einem Buchladen in Luang Prabang gefunden. Ich blättere darin. Was trieb diesen Mann hierher?

Ich kenne die Beschwerlichkeit, Müdigkeit und Leiden aller Arten, denen ich mich wieder aussetzen werde, der Wunsch nach Straßen, die Schwierigkeit, Beförderungsmittel zu finden und das Risiko, für die kleinste Sorglosigkeit mit einer gefährlichen oder sogar tödlichen Krankheit zu bezahlen. Und wie kann jemand klug sein, wenn er sich gezwungen sieht, sich dem härtesten Leben des Waldes zu unterwerfen, viele Entbehrungen zu ertragen und allen Grobheiten des Wetters zu trotzen?

Das schrieb Mouhot nicht ohne Eitelkeit. Wie beschwerlich muss seine Reise gewesen sein! Er reiste vier Monate in einem Segelschiff, um dann auf dem Rücken eines Elefanten durch den Dschungel zu reiten. Er paddelte im Einbaum verschiedene Flüsse hinauf, erschoss Tiger, dinierte mit kleinen Königen, um Durchreisepapiere zu bekommen, und handelte mit unzähligen korrupten Zollbeamten.

Ich muss zugeben: Ich bin neidisch. Mouhot kannte das Gefühl der Enttäuschung nicht, das einen befällt, wenn man in eine unbekannte Stadt kommt und feststellt, dass alles genau so ist, wie im Reiseführer dargestellt. Er hat sich nie heimlich wünschen müssen, dass doch nur die ganzen anderen Weißen nicht dort wären. Er hat nie voller Scham seinen »Lonely Planet« in der Tasche versteckt. Er hat nie erfahren, wie sinnlos es ist, eine Anekdote aufzuschreiben oder ein Foto zu machen, weil alles schon tausendfach bei Blogspot, Facebook und Flickr veröffentlicht wurde. Er war der Erste, und das hat ihn mit diesen Ländern auf ewig verbunden.

Mouhot war kein Tourist, sondern etwas ganz anderes: ein Reisender. Der Reisende steht weit über dem schnöden Touristen. Er nimmt Entbehrungen auf sich; je ärmer das Land, je mieser die Infrastruktur, desto besser fühlt er sich. Der Reisende ist glücklich über jede Verzögerung, jede Panne, weil beides ihm eine ungestellte, authentische Erfahrung verspricht. Er interessiert sich für jeden, für den Taxifahrer, den Bauern, den Fischer, weil er aus den Gesprächen mit diesen einfachen Menschen seine tiefen Erkenntnisse zieht. Die wichtigste Beschäftigung aller Reisenden ist, altkluge und ironisierende Beobachtungen der Einheimischen in ihre Tagebücher zu schreiben: »Stolz, Frechheit, Betrug, Feigheit, Unterwürfigkeit, exzessive Faulheit«, waren für Mouhot die Merkmale der Kambodschaner, die Laoten seien »abergläubisch wie die Kambodschaner«, die Vietnamesen dagegen »lebendig, gewandt, intelligent und mutig«, auf der anderen Seite aber auch »starrsinnig und rachsüchtig, Heuchler, Lügner und Diebe«.

Wie unwürdig ist meine Touristen-Existenz. Für Mouhot war Reisen eine beschwerliche Prüfung voller Gefahren, eine Bewährung, ein ritueller Akt, dem sich ein Mann unterziehen musste. Für mich ist es eher ein Zustand der Langeweile, den ich ertrage, um von A nach B zu kommen. Ich habe mit dem Bus anreisen müssen, weil die Billigfluglinien Air Asia und Jet Star keine Verbindung von Phnom Penh nach Luang Prabang anbieten. Also saß ich dann drei Tage lang in verschiedenen überfüllten Busmodellen. Offen gesagt: Ich fand das eher beschwerlich – und ich schäme mich etwas dafür.

Auch wegen etwas anderem fühle ich mich schäbig. Ich kann hier ganz einfach wieder weg. Diese Möglichkeit hatte Mouhot nicht. Er glaubte, sich vor der Malaria schützen zu können, indem er ausschließlich gekochten Tee trank. Die Wolken aus Moskitos, die ihn und seine Begleiter quälten, waren für ihn zwar lästig, aber er sah sie als nicht weiter gefährlich an; die Warnung der Einheimischen, er solle nicht während der Regenzeit in den Wald gehen, schlug er in den Wind. Ein tödlicher Irrtum.

Er ist tot, aber ich glaube, viel von ihm lebt in unseren romantischen Vorstellungen von Indochina weiter. Seine Skizzen und Beschreibungen des Tempels Angkor Wat haben die Region erstmals einer großen europäischen Öffentlichkeit bekannt gemacht und lösten in Frankreich ein regelrechtes Asien-Fieber aus. Er hat sicherlich unser Bild des westlichen Reisenden geprägt, der mit seiner Machete ein Dickicht aus Lianen und Bambus zerschlägt, um dahinter eine verlorene Stadt zu finden. Wollen wir nicht alle Henri Mouhot sein, der Erste, der Einsame?

Ich blättere weiter in dem Tagebuch. Wie mag es gewesen sein, dorthin zu gehen, wo noch nie ein Europäer zuvor gewesen ist? Unter Völkern zu wandeln, die noch völlig unberührt von jedem westlichen Einfluss sind? Wie fühlte es sich an, im Licht einer Öllampe Käfer und Pflanzen zu skizzieren, die noch nie ein Mensch in Europa gesehen hat? Während nebenan das Lagerfeuer knistert und die Reise-Elefanten im Schlaf seufzen und das Licht des Mondes das Blätterdach des Dschungels erleuchtet? Dann stoße ich auf eine Stelle im Buch, die mir Antwort gibt:

Während des Regens kann nichts eine Vorstellung von den Leiden des Reisenden in der Nacht geben, angegriffen von

Myriaden von Mücken, von Legionen von Ochsenfliegen, die,
nach Sonnenuntergang, Menschen wie Elefanten angreifen,
und von Flöhen so klein, dass sie beinahe unsichtbar sind, und
deren Bisse übermäßig schmerzhaft sind und enorme Blasen
anschwellen lassen. Zu diesen Feinden zählen die Blutegel,
die, nach dem letzten Regen, aus dem Grund kommen, einen
Mann in zwanzig Fuß Entfernung riechen und herbeieilen,
um sein Blut mit wundervoller Begeisterung zu saugen.

Blutegel?

Da fällt mir auf: Eigentlich will ich doch nicht so sehr ein Reisender sein. Ich muss los, das Jumbo wartet.

Ich habe heute noch einen Termin zur Massage im Spa.

Speedboat

Ich würde Ihnen gern erzählen, was mein Eindruck von Kambodscha war, als ich die Grenze zu dem Land auf meiner ersten Asienreise überschritt. Dunkler Urwald? Weite Reisfelder? Tut, mir leid – ich weiß es nicht mehr, ich kann mich an nichts erinnern. Ich war zu sehr damit beschäftigt, mein kurzes Leben zu betrachten, das als Film an mir vorbeizog.

Ich saß mit anderen verängstigten Touristen in einem winzigen Holzboot, einem sogenannten Speedboat, das eine weiße Gischtwolke hinter sich herzog, während es in Slalomkurven durch einen überschwemmten Wald jagte. Meine Finger krallte ich in das Holz der Bordwand, gleichzeitig biss ich die Zähne aufeinander. Ich war mir sicher, dass unser Boot an einem Baumstamm zerschellen würde und ich noch ein paar Minuten in den braunen Fluten des Mekong treiben würde, bevor mich endgültig ein Strudel unter Wasser zog. Daher hatte ich kaum Augen für die Landschaft. Ich drehte mich zu dem Bootsführer um und versuchte, ihm mit Handzeichen deutlich zu machen, dass er etwas langsamer fahren sollte. Aber er lachte nur entspannt, während er mit seinem Flip-Flop die Lenkstange bewegte. Und dann hörte ich zum ersten Mal die magischen Worte. Er rief mir gegen den Motorenlärm zu: »*At banjaha!*«

In der traumwandlerischen Scheinsicherheit der Jugend wählt man manchmal haarsträubende Transportmittel – afrikanische Fluglinien zum Beispiel. Oder das Speedboat. Damals dachte ich: »Wenn andere auf dem Boot fahren und dafür auch noch Geld bezahlen, dann kann es nicht gefährlich sein.« Großer Fehler. Das Speedboat ist, wie der Name schon sagt, das Gegenteil des gemächlichen Slowboats. Vielleicht haben Sie mal nachts nicht schlafen können und sich durch sämtliche Programme Ihres Satellitenfernsehens gezappt. Dann haben Sie vermutlich zwischen den unzähligen Werbespots für 01 805-Rufnummern auf einem Sportkanal eines jener amerikanisches Dragster-Rennen gesehen, die meist in einem Feuerball enden. So ähnlich müssen Sie sich ein Speedboot vorstellen: als Kreuzung aus einem Dragster und einem traditionellen asiatischen Longtail-Boot, also einem bunt bemalten, leichten Gefährt aus dünnen Holzplatten. Im Heck sitzt ein überproportional großes schwarzes Motorenmonster, aus dessen Inneren armdicke, schwarz qualmende Auspuffrohre ragen. Heute müsste man mir eine Waffe an den Kopf halten, damit ich mich noch einmal in eines dieser Dinger setze.

Wirklich einen ersten Eindruck von Kambodscha habe ich mir daher nicht bewahren können. Nur das Schlingern und Stampfen des Bootes, Regentropfen, die an das Visier meines Helmes klatschten und auf der Haut meiner Arme brannten – und meine Angst. Aber das macht nichts, denn selbstverständlich hatte ich damals schon ein durch Fernsehdokumentationen und Zeitungsberichte gefestigtes Bild von Kambodscha. Meistens kam in diesen Darstellungen mindestens einmal die Formulierung »von Kriegen zerrissen« vor.

Kaum ein Land der Erde blickt in seiner jüngeren Geschichte auf eine derart lange Reihe von Kriegen zurück: In den Sechziger- und Siebzigerjahren benutzten die vietnamesischen Vietcong-Guerilla Kambodscha für die Organisation ihres Nachschubs und als Rückzugsraum. In der Folge kam es zu einem Bürgerkrieg, in dem nordvietnamesische Truppen und kambodschanische Kommunisten gegen die Soldaten der kambodschanischen Republik sowie gegen südvietnamesische und amerikanische Soldaten kämpften. Der Krieg endete mit dem Sieg der kambodschanischen Kommunisten, der Khmer Rouge, im Jahr 1975. In einer Mischung aus Verzweiflung und Größenwahn evakuierten die Kommunisten innerhalb weniger Tage die Städte Kambodschas, um ihre Bevölkerung zum Bau von Bewässerungsanlagen aufs Land zu schicken. Während dieses sozialen Experiments starb in kaum mehr als drei Jahren ein Viertel der Bevölkerung. Gleichzeitig attackierten die Khmer Rouge den Süden Vietnams, was zu einem massiven Vergeltungsschlag des sozialistischen Bruderlandes führte. Vietnam besetzte Kambodscha 1979 und beendete das grausame Regime der Khmer Rouge. Die Khmer Rouge zogen sich in die Berge zurück. Bis die Gruppe sich 1998 auflöste, blieb das Land in einem bürgerkriegsähnlichen Zustand.

Kein Wunder, dass Kambodscha heute keinen guten Ruf hat. Ich glaube, außer Deutschland wird kein anderes Land der Welt so beständig auf seine Vergangenheit reduziert wie Kambodscha. Schädelhaufen, darüber schwebend die lächelnden Gesichter des Bayon-Tempels in der Ruinenstadt Angkor – das war auch mein Bild von Kambodscha. Und gerade diese düstere Vorstellung machte Kambodscha so interessant für mich, einem Backpacker auf dem Selbstfindungstrip – nicht umsonst heißt die beliebteste Touristendisco in Phnom Penh noch heute »Heart of Darkness«.

Um es kurz zu machen: Ich habe die Fahrt auf dem Speedboat überlebt. Nach einer Weile öffnete sich der Wald und gab den Blick frei auf eine typisch kambodschanische Szenerie: Reisfelder bis an den Horizont, dazwischen verteilt Zuckerpalmen, grasende Wasserbüffel und irgendwo das leuchtende Dach eines buddhistischen Tempels, einer Pagode. Ich fuhr weiter nach Phnom Penh und lernte dort meine Frau Sreykeo kennen. Heute leben wir mit drei Kindern hier. Wenn die Kleinen schlafen, schalte ich manchmal den Fernseher ein, und dann sehe ich hin und wieder auf einem deutsch- oder englischsprachigen Sender eine Reportage über Kambodscha.

Die geht dann meistens so: Totale, eine Straßenszene in Phnom Penh, Menschen mit Einkaufstaschen und Motorroller. Weil man denen nicht in den Kopf gucken kann, erklärt ein Sprecher aus dem Off, was sie denken. Was nämlich auf den ersten Blick wie Menschen aussieht, die vor allem ihre Einkäufe oder das Mädchen auf dem Rücksitz im Kopf haben, sind in Wirklichkeit Kambodschaner, die ihr mal wieder »von Kriegen zerrissenes« Land aufbauen. Wir erfahren, dass sie »versuchen zu vergessen«, weil sie in der Zeit der Khmer Rouge »mindestens einen Vater oder einen Bruder verloren haben« und davon »traumatisiert« sind. (Gern unterschlagen wird bei diesen Fernsehberichten, dass drei Viertel der Bevölkerung zu jung sind, um auch nur die kleinste Erinnerung an die Zeit vor 1979 zu haben.)

Schnitt, wir sehen rostigen Stacheldraht, Innenaufnahmen des Vernichtungslagers S-21 in Phnom Penh, die mit Schädeln gefüllte Stupa auf den »Killing Fields«, und wir erfahren, dass hier Intellektuelle beziehungsweise »Menschen mit Brille« umgebracht wurden. Dann Schnitt auf die Müllkippe vor den Toren Phnom Penhs. Am Ende ein Zeichen der Hoffnung: ein westlicher Künstler, der aus verrosteten Kalaschnikows abstrakte Skulpturen schweißt, und lachende Kinder in einem christlichen Kinderheim.

Wenn ich solche Fernsehreportagen sehe, wird mir schlecht. Ich will nicht behaupten, dass es keine traurigen Dinge aus Kambodscha zu berichten gäbe. Was mich aber wütend macht, ist der westliche Blickwinkel, aus dem konsequent die Veränderungen ignoriert werden, die das Land in den letzten Jahren durchlaufen hat. Mich stört diese Arroganz, mit der die Kambodschaner auf eine Sammlung hilfloser Opfer reduziert werden.

Das Land hat sich in den letzten Jahren krass verändert. Das Speedboat ist heute überflüssig, Laos und Kambodscha sind infolge der chinesischen Entwicklungshilfe durch diverse Schnellstraßen verbunden, auf denen man bequem Rollschuh laufen könnte.

In Phnom Penh sind die ersten Hochhäuser entstanden, und Filialen der Fast-Food-Kette »Kentucky Fried Chicken« haben überall im Land eröffnet. Kambodscha wird immer normaler, und ich freue mich darüber. Ich freue mich, wenn ich in der Stadt plötzlich von etwas ganz Alltäglichem überrascht werde, das in diesem Land eben noch lange nicht normal ist. Über bemüht lässige Jugendliche in Kapuzenpullis zum Beispiel, die auf ihren Skateboards am Straßenrand Ollies und Backflips üben. Oder über die ersten Graffitis, die auf den Personenwagen von Kambodschas uralter Schmalspureisenbahn rührend deplatziert wirken. Und wenn ich an den Baustellen der Hochhäuser vorbeifahre, denke ich mir: »Endlich wird Phnom Penh eine Stadt und hört auf, das verlorene Paradies am Ende der Welt zu sein.«

Die Kambodschaner sind so etwas wie die Lieblingsopfer der internationalen Gemeinschaft. Das ist eine undankbare Rolle, denn jeder hat einen guten Ratschlag für sie parat, und sie können es niemandem recht machen. Wenn sie Hip-Hop hören, dann vergessen sie »die traditionelle kambodschanische Lebensweise«. Wenn sie sich einen Motorroller kaufen, berauben sie die Cyclo-Fahrer ihres Einkommens und lassen dieses »nostalgische und umweltfreundliche Fortbewegungsmittel« aussterben. Wenn sie sich von ihrer Freundin oder ihrem Freund trennen, dann »zerstören sie die traditionelle Wertschätzung der Familie«. Wenn sie bei KFC essen, übernehmen sie »ungesunde westliche Ernährungsweisen«. Wenn sie Hochhäuser bauen, dann entstellen sie die »charmante französische Stadtarchitektur aus der Kolonialzeit«. Wenn sie zur Wahl gehen und ihr Kreuzchen bei der exkommunistischen CPP machen, dann wirft man ihnen vor, dass sie die junge

Demokratie kaputt wählen. Es muss schwer sein, Kambod-schaner zu sein.

Eine seltsame Mischung westlicher Ausländer zieht dieses Land an. Offiziell lautet das Motto des Landes »Nation, Religion, König«. Doch zumindest für eine bestimmte Gruppe der Zugereisten scheint das Motto eher »Tragik, Trauma, Auslandszuschlag« zu sein. Dann sind da noch die vielen verkrachten Existenzen, für die das Motto »Bargirls, Alkohol und Drogen« heißt. Glücklicherweise kommen immer mehr, für die das Motto lediglich »Tempel, Tempel, Tempel« lautet.

Sie liegen alle daneben.

Das wahre Motto des Landes lautet *at banjaha!* Das heißt übersetzt: »Kein Problem.« Was nicht heißen soll, dass es in Kambodscha keine Probleme gäbe. Die gibt es hier andauernd: Stromausfälle, Kurzschlüsse, überschwemmte Straßen, Busse, deren Motoren sich in Rauch auflösen, und Taxis, die von ihren eigenen Reifen überholt werden. *At banjaha* heißt im Grunde: »Es gibt zwar ein Problem, aber eigentlich ist es gar keines, denn wir werden es zusammen lösen – unter Beteiligung von weit mehr Menschen, als eigentlich dafür nötig wären, und mit viel Geschwätz und Gelächter und mit einem Plan, der so aberwitzig ist, dass er nicht schiefgehen kann.«

Kommen Sie ruhig nach Kambodscha. Sie werden hier auf keine Mine treten, und man wird ihre Kinder nicht in die Prostitution verkaufen. Sicher werden Sie viel Schönes, vielleicht auch Trauriges sehen. Nur einen Rat sollten Sie sich zu Herzen nehmen: Nehmen Sie auf keinen Fall das Speedboat!

Wie das Leben hier so ist

Jedes Jahr im Winter fliege ich mit meiner Familie nach Deutschland, um meine Eltern in Darmstadt zu besuchen. Das ist auch die Zeit, in der ich alte Freunde wiedertreffe. Mit denen sitze ich dann in derselben Kneipe, in der wir einst unseren ersten Liebeskummer ertränkt haben. Und wenn wir genug über alte Zeiten gesprochen haben, kommt immer diese Frage: »Wie ist denn das Leben so bei euch in Kambodscha? Erzähl doch mal!«

Mir fällt nie die richtige Antwort ein.

Meistens versuche ich, einen für unsere Familie typischen Tag zu beschreiben: »Also, wir stehen unter der Woche so um sieben Uhr auf. Dann bringe ich Rothana, unsere Tochter, in die Schule. Danach setze ich mich an mein Laptop, lese erst mal die Website des ›Spiegel‹ und versuche, in den Tag hineinzukommen. Irgendwann wacht Lukas auf, unser zweijähriger Sohn. Er muss dann erst mal zehn Minuten heulen, weil Aufwachen so unfair ist; dann ziehe ich ihn an und putze ihm die Zähne. So um neun mache ich mich schließlich an die Arbeit.« Ich bin in meiner Ausführung noch nicht mal beim Mittagessen angelangt, und meine Gesprächspartner haben schon das

Interesse verloren. Sie sind enttäuscht, offensichtlich habe ich die falsche Antwort geben. Und sie haben ja auch recht. Zwar machen wir als Familie dieselben Dinge, die auch eine Familie in Deutschland macht. Trotzdem ist unser Leben ganz anders – aber ich weiß nicht, wie ich es erklären soll.

Daher wechsele ich meist schnell das Gesprächsthema und rede nicht mehr über Kambodscha, sondern über Fußball. Oder Dieter Bohlen.

Wie soll ich nur erklären, wie das Leben hier so ist?

Ich versuche mal was anderes.

Hier in Kambodscha ist das Leben so, also hätte jemand dem Fluss der Zeit ein Kontrastmittel untergemischt: Alle Eindrücke, gute wie schlechte, werden verstärkt. In Deutschland ist das Leben eine Abfolge von durchschnittlichen Tagen: Man ist selten wirklich unglücklich und genauso selten richtig glücklich – alle Tage sind mittel.

Hier gibt es in der Regel nur außerordentlich gute oder richtig schlechte Tage, und wenig dazwischen. An den guten Tagen ist die Morgenluft kühl und feucht. Die Sonne taucht die Stadt in ein gold-gelbes Licht. Alles, was ich sehe, scheint mir neu und überraschend. Die Spuren, die der Regen auf einer verwitterten Hauswand hinterlassen hat. Das zahnlose Lächeln einer Frau, deren Haut wie ausgetrocknete Erde ist. Der Bougainvilleabusch, der auf dem Balkon einer verfallenen Kolonialzeit-Villa wächst. Jeden Augenblick möchte ich in Öl und auf Leinwand festhalten. Höfliche Neugierde überall, jeder hat Zeit für ein kurzes Gespräch. Wenn man wollte, könnte man sich auf einem kurzen Spaziergang sechs Mal neu verlieben. Der Verkehr scheint sich auf eine wunderbare Weise selbst zu regeln, als stünden sämtliche Teilnehmer in telepathischer Verbindung zueinander. Ein Beinahezusammenstoß wird mit einem Lächeln und einem Achselzucken beantwortet.

Und dann sind da die schlechten Tage. Die Sonne scheint die Stadt in Brand setzen zu wollen. Das grelle Licht entblößt schonungslos, wie unansehnlich und dreckig die Straßen sind. Der Gestank der Kanalisation und der Abgase nimmt mir den Atem. Der Verkehr stockt, jeder versucht rücksichtslos, so schnell voranzukommen wie möglich, jeder stößt in die kleinste Lücke – und als Resultat kommt niemand ans Ziel, alle stehen und ersticken an den eigenen Abgasen. An diesen Tagen gibt es keine Freunde in der Stadt, nur Herumtreiber und Schmarotzer. Alle beobachten mich, ich spüre ihre Blicke, sie hoffen auf einen schnellen Dollar, sie sind berechnend, ich muss auf der Hut sein.

Außerdem wohne ich nicht unbedingt in einer Gegend, in die man zieht, weil die Karrierechancen hier so gut wären oder weil sich das Wort »Kambodscha« gut in einem Lebenslauf macht. Menschen kommen aus dem Westen hierher, weil sie etwas suchen. Weil sie sich selbst neu erfinden wollen. Es ist der richtige Ort dafür. In der »Unendlichen Geschichte« von Michael Ende gibt es ein Kapitel, in dem ein Zauber-Spiegel-Tor vorkommt. Wer in dieses Spiegeltor blickt, der sieht sich selbst – nicht das Äußere, sondern sein wahres Ich. Und das wahre Ich soll in der »Unendlichen Geschichte« so schrecklich sein, dass man beim Anblick wahnsinnig wird. Kambodscha ist ein bisschen wie dieses Zauber-Spiegel-Tor. Visitenkarten, Titel, Posten, Lebensläufe, Markenkleidung, politische Meinungen und Facebook-Freundschaften, all diese kleinen Dingen, die man in Deutschland zusammengetragen hat, um jemand zu sein, sind hier absolut bedeutungslos. Es interessiert einfach niemanden. Wenn man in Deutschland einen neuen Menschen kennenlernt, fragt man ihn in der Regel: »Was machst du?« In Kambodscha ist es völlig nebensächlich, »was man macht«.

Man ist noch von viel mehr Dingen befreit als von den bloßen Äußerlichkeiten. Man ist hier frei von vielen moralischen, juristischen und sozialen Beschränkungen, die einem in Deutschland auferlegt sind. Das hört sich vielleicht toll an, tatsächlich sollte es aber eher Angst machen. Nicht alle können mit einer solchen Freiheit auch umgehen. Manche werden von ihrem Leben hier mitgerissen und davongetragen. Wer sich selbst zerstören will – bitte schön, hier wird Sie niemand aufhalten.

Das Kontrastmittel wirkt auch auf menschliche Eigenschaften – sie werden verstärkt, gute wie schlechte. Was in der westlichen Welt eine kleine Marotte ist, über die man leicht hinwegsehen kann, wird in Kambodscha zu einem tragischen Charakterfehler. Wer nicht mit Geld umgehen kann, wird sich hier ruinieren. Wer jähzornig ist, wird hier ständig in Schlägereien verwickelt sein. Umgekehrt wird jemand, der verlässlich ist, hier Freunde fürs Leben finden. Ich habe mal einen Bekannten gefragt, der Filmemacher ist, warum er in Kambodscha lebt. Er sagte: »Hier blickst du den Menschen direkt in die nackte Seele.«

Ich habe Indochina zum ersten Mal 2003 als Backpacker bereist. Auf dieser Reise lernte ich in Phnom Penh meine heutige Frau Sreykeo kennen. Die ersten dramatischen Jahre unserer Beziehung habe ich in dem Buch »Wohin Du auch gehst« festgehalten, das später von Detlev Buck unter dem Titel »Same Same but Different« verfilmt wurde. Heute leben wir mit unseren drei Kindern hier, mit der siebenjährigen Rothana, die adoptiert und in Kambodscha aufgewachsen ist, und unseren beiden Söhnen Lukas und Max.

Manchmal frage ich mich, ob ich nicht deshalb hier bin, weil ich ein Trugbild verfolge. Weil ich noch einmal das Gefühl meiner ersten Indochinareise spüren will: Als ich den Holzkohlengeruch der unzähligen Kochfeuer in die Nase sog, als eine Nachtbrise durch die Stadt wehte, als ich die Wärme des Asphalts spürte, der noch aufgeheizt von der Nachmittagssonne war.

Es war das berauschende Gefühl roher, kompromissloser Freiheit, das mich süchtig gemacht hat. Seither bin ich auf Entzug. Ich weiß, dass es nie wieder zurückkehren wird. Ich wünsche mir manchmal, dass ich endlich aufhören würde, zu hoffen. Dann könnte ich zurückkehren. Doch die Hoffnung vergeht nicht, sie hält mich hier.

Bin ich hier glücklicher als in Deutschland?

Nein. Aber ich lerne hier mehr.

Zur Verteidigung der Regenzeit

Es wird Zeit, dass jemand ein gutes Wort für die Regenzeit einlegt. Wenn Freunde aus Deutschland überlegen, ob und wann sie uns in Kambodscha besuchen, stellen sie immer dieselbe Frage: »Wann ist denn die Regenzeit?« Die Monate von Juni bis November, in denen der Südwestmonsun vom Indischen Ozean dicke Wolken nach Südostasien bläst – die gilt es zu vermeiden. »Warum nur?«, frage ich mich dann.

Wahrscheinlich stellen sich meine Freunde die Regenzeit wie einen deutschen Herbst vor: Nachmittagsstunden, in denen sie mit einer Tasse Rooibostee in den Händen an die Fensterscheibe starren und an Selbstzweifeln und Depressionen nagen, hochgestellte Mantelkrägen und laufende Nasen, Aspirin und Nasivin. Sie fürchten, dass sie die wenigen Wochen Urlaub, die sie haben, in einem Hotelzimmer verbringen müssen. Dass sie den ganzen Tag in einem Reiseführer blättern werden, nur um sich vor Augen zu führen, welcher Spaß ihnen gerade entgeht. Regen heißt in Deutschland nun mal: drinnen bleiben. Ich sage ihnen dann: »Keine Sorge, euch wird hier mit Sicherheit nicht langweilig. Das haben Exbürgerkriegsgebiete so an sich!« Aber das überzeugt sie auch nicht.

Ich habe immer das Gefühl, dass ich die Regenzeit verteidigen müsste. Was wird ihr nicht alles vorgeworfen – nicht nur die Tatsache, dass es in der Regenzeit eben regnet. Ich würde mir wünschen, nur ein einziges Mal die Zeitung aufzuschlagen und die Überschrift zu lesen: »Wir sind gerettet – die Regenzeit ist da!« Aber nein, stattdessen warnen die Zeitungen vor allerlei Krankheiten, die man sich von Mai bis November holen kann: Durch Wasser übertragene Durchfallerkrankungen, Grippe und Lungenentzündung, Leptospirosis und das durch Mücken verbreitete Denguefieber. Garniert wird die Sammlung der Hiobsbotschaften zur Regenzeit noch mit Berichten von Überschwemmungen und unterhöhlten Straßen.

Vielleicht muss ich erst die Trockenzeit beschreiben, um deutlich zu machen, wie wunderbar die Regenzeit ist. Morgens wecken mich Sonnenlichtstrahlen, die durch die Ritzen der Fensterläden fallen. Sie sind so heiß, als würden sie durch ein Brennglas gebündelt. Schon wieder Sonne! Schon beim Aufstehen ist die Haut klebrig. Das Land ist eine rotbraune Wüste aus abgeernteten Feldern, auf denen vertrocknete Halme stehen. Die Autos auf den Straßen ziehen eine rote Wolke aus Staub hinter sich her, der sich auf allem niederlässt: auf den Fensterscheiben, auf der Tastatur des Computers, auf den Tellern. Alle Gegenstände, die nicht ständig benutzt werden, sehen nach ein paar Wochen aus, als hätten sie jahrelang auf einem Dachboden gelagert. Nach elf Uhr ist es so heiß, dass die Arbeit in einem Raum ohne Klimaanlage praktisch unmöglich ist. Dann bleiben nur zwei Dinge zur Wahl: Fenster und Läden zu schließen und die Klimaanlage aufzudrehen. Oder sich bis auf die Unterhose auszuziehen, vor einen Standventilator zu legen und zu schlafen, bis es gegen Nachmittag wieder kühler wird. Die Kinder langweilen sich tödlich, denn es ist viel zu heiß, um draußen zu spielen. Sie fragen alle zehn Minuten, ob sie Fernsehen dürfen. Klingt das nach Spaß?

Dann, irgendwann gegen Ende April, kommt die Erlösung – der Regen. Wobei der asiatische Regen nichts mit deutschem Regen gemein hat. Zum einen regnet es in der Regenzeit nicht den ganzen Tag. Sondern nur ein, zwei Stunden am Nachmittag. Zum anderen ist der Regen hier kein unmotiviertes Geniesel wie in Europa. Eher ein schwerer grauer Samtvorhang, der sich über das Land senkt. Man sieht die Regenwolken über das Land ziehen, wie einsame, grimmige Giganten, den Regen hinter sich herziehend. Eine Wand aus Wasser, die auf einen zukommt. Sie besteht nicht aus dünnen Fäden, sondern aus dicken Tropfen, groß wie Murmeln.

Wenn die ersten Tropfen fallen, kommt mein zweijähriger Sohn die Treppe zu meinem Arbeitszimmer heraufgerannt und trommelt an meine Tür: »Papa! Regen! Papa! Regen!« Nachdem ich ihm die Tür aufgemacht habe, greift er mich entschlossen an einem kleinen Finger, deutet auf die Balkontür, sagt noch mal »Regen!« und blickt mich mit diesem Hoffentlich-kapiert-er-es-endlich-Blick an. Weil ich in der Regel an irgendetwas arbeite, versuche ich ihn mit freundlichen Worten wieder hinauszuschicken. Das führt aber nur dazu, dass er anfängt, sich auszuziehen. Meistens bleibt er dabei auf halbem Weg stecken, hilflos in sein Sweatshirt verwickelt, was seine Verzweiflung noch verstärkt: Draußen regnet es in Strömen, und er steckt hier drinnen fest! Daraufhin fängt er an, loszuheulen wie eine Autoalarmanlage. Arbeiten ist nun ohnehin nicht mehr möglich. Na gut, ich tue ihm den Gefallen, ziehe ihm die Kleider aus und schließe die Haustür auf. Er rennt vor Freude brüllend in den Regen, meine Tochter hinterher. Ich bleibe im Hauseingang stehen und blicke in die fallenden Tropfen, zum einen, weil ich auf die Kinder aufpassen muss, zum anderen, weil mich die Kraft des Regens immer wieder fasziniert. Von den Dächern stürzt das Wasser in armdicken Strahlen, die Rinnsteine werden zu reißenden Bächen. Die Kinder springen durch Pfützen, die so groß wie Teiche sind, und tanzen unter den Traufen der Häuser. Der Regen scheint die ganzen kleinlichen Probleme des Alltags wegzuspülen.

Ich gebe mir dann einen Ruck, nehme alle Dinge aus meinen Hosentaschen, die nicht nass werden dürfen, und hole einen Fußball aus dem Schrank. Im Regen Fußball spielen, das ist das Größte für die Kinder. Und für mich auch. Ich habe lange darüber nachgedacht, ob es etwas gibt, das mich glücklicher macht, als mit meinen Kindern im Monsunregen Fußball zu spielen. Bisher ist mir noch nichts eingefallen.

Als ich als Kind zur Grundschule ging, vertrieb ich mir die Zeit auf dem Weg zur Schule mit einer Phantasie: Wie wäre es, wenn sich alle Straßen in der Stadt in Flüsse verwandeln würden und wir jeden Tag mit Booten zur Schule paddeln müssten?

Heute, in Phnom Penh, wird diese Phantasie Wirklichkeit. In der Regenzeit sammelt sich das Wasser in den Straßen rund um den Königspalast oftmals kniehoch; Tuk-tuks und Cyclos scheinen auf seiner Oberfläche zu schwimmen. Häuserblocks werden zu Inseln inmitten der schmutzig-braunen Flut. Wenn ein solcher Regen in einer deutschen Stadt niedergehen würde, sähe man wahrscheinlich Gerhard Schröder in Gummistiefeln anreisen. Für die Kambodschaner sind der Regen und die Überschwemmungen nur eine Widrigkeiten ihres Alltags, die sie mit einem Lächeln und einem Achselzucken hinnehmen. Es bleiben nur zwei Möglichkeiten: waten oder warten. Und da jedem klar ist, dass die braunen Wassermassen aus der Kanalisation stammen, entscheidet man sich für das Warten. Die Kambodschaner meistern diese Situationen mit Humor und Verspieltheit. Straßenkinder schlagen im Wasser Purzelbäume oder springen auf vorbeifahrende Tuk-Tuks und lassen sich von ihnen durchs Wasser ziehen. Nachbarn vertreiben sich die Zeit mit Gesprächen und Scherzen. Wenn sich das Wasser nach einer Stunde zurückgezogen hat, denke ich mir oft: »Schade eigentlich.« Das ist das Charmante an der Regenzeit. Regelmäßig bricht der Regen über uns herein und durchkreuzt all die unbedeutenden Pläne, die man sich für den Tag gemacht hat.

Die meiste Zeit des Jahres ist das Wetter in Südostasien unerträglich. Aber die paar Monate Regenzeit sind das Warten wert. Plötzlich streicht ein kühler Windstoß durch die Straße, Blätter rascheln und Fensterläden schlagen. Dann ist dieser unverkennbare Geruch in der Luft. Schließlich klopfen die ersten Tropfen auf das Dach des Hauses. Pack, pack, packa-padackpadack – in Sekunden wird aus dem Klopfen ein Dröhnen. Und ich reiße die Fenster auf: Endlich Regenzeit!

Wer hat Angst vorm weißen Mann?

Offen gesagt: Ich kann nicht gut mit Kindern. Zumindest nicht mit kambodschanischen. Schon mein bloßer Anblick löst Entsetzen aus. Ich nehme ihnen nicht die Lutscher weg, ich klaue ihnen kein Eis, ich ziehe keine fiesen Grimassen, ich zerre sie nicht an den Haaren, und ich erzähle ihnen auch keine gruseligen Geschichten. Und trotzdem: Wenn ich die Straßen entlanggehe, hinterlasse ich rechts und links meines Weges eine Spur von in Tränen aufgelösten kaffeebraunen kleinen Wesen. Meistens starren sie mich eine Weile mit aufgerissenen Augen an und stoßen stille Schreie aus, zu erschrocken, um wegzulaufen, bis irgendwann eine Mutter angerannt kommt, das Kind mit einem entschuldigenden Lächeln auf den Arm nimmt und wegträgt. Ich frage mich, woran das liegt. Wenn ich in den Spiegel gucke, entdecke ich nichts Erschreckendes – ich finde, ich sehe eher lustig aus: bleich, lang und dünn, mit etwas auf dem Kopf, das man unmöglich eine Frisur nennen könnte, mit großen Augen, großen Füßen und langen Fingern.

Einmal, als ich wieder vor einem Mädchen stand, dem Rotze und Tränen vom Kinn tropften, fragte ich meine sechsjährige Tochter Rothana nach dem Grund. Sie sagte etwas beiläufig: »Sie haben Angst, dass du sie auffrisst.« Als ob das eine Erklärung gewesen wäre.

Nun, ich bin dem Rätsel irgendwann auf die Spur gekommen. Es hat mit meinen kambodschanischen Nachbarn zu tun – und mit meiner Tochter. Aber bevor ich das Rätsel löse, muss ich Ihnen etwas über meine Nachbarschaft erzählen. Wir haben ein Haus in einer Seitenstraße von Phnom Penh, eine von jenen Straßen, die noch nicht von der voranschreitenden Asphaltierung des Landes erreicht wurde. Unsere Straße ist ein bisschen wie ein kleines Dorf. Kambodschaner sind kein urbanes Volk, auch die Stadtbewohner haben ihre Wurzeln meistens auf dem Land, und so machen sie jede Straße und jeden Hinterhof zu einer kleinen Dorfgemeinschaft: Man passt gegenseitig auf die Kinder auf, man leiht sich Geschirr, macht gemeinsam mit dem Besen Jagd auf Diebe – und man lästert viel und tratscht übereinander. Wenn meine Frau vom Markt nach Hause kommt, weiß sie schon am Anfang der Straße, wenn unser Sohn sich beim Spielen ein paar Schrammen am Knie geholt hat.

Jeder Tag verläuft ähnlich: Die Männer fahren morgens das hart erarbeitete Familienauto, meist einen Toyota Camry, aus dem Wohnzimmer (Wohnhäuser in asiatischen Großstädten haben meist ein breites Tor an der Frontseite, sodass man das Erdgeschoss tagsüber als Geschäft und nachts als Garage nutzen kann) und parken es vor dem Haus, die Frauen wischen ein paar Ölflecken von den Fließen und gehen dann zum Markt. Die Kinder fahren in der Straße Fahrrad, spielen das Flip-Flop-Spiel, tauschen »Power Rangers«-Sammelkarten oder spielen Fußball.

Fast hätte ich gesagt, unsere Straße sei eine kleine Oase der Ruhe im Trubel der Großstadt – aber von Ruhe, zumindest nach deutschem Verständnis, kann hier keine Rede sein. Lassen Sie es mich so ausdrücken: Es ist ruhig, wenn mein Nachbar nicht gerade traurige Liebeslieder auf seinem Keyboard spielt. Wenn nicht gerade eine Hochzeit ist, für die man in der Regel eine Wand aus schwarzen Boxen aufstellt, welche die halbe Straßenbreite einnimmt. Wenn nicht die Mönche ihre Runde machen und ihre Gebete singen, bis jemand ein paar Geldscheine in ihre Reisschüssel wirft. Wenn nicht die Müllsammler kommen, die vor jedem Haus »*äab djay*« rufen und auf einer quietschenden Gummihupe rumdrücken – sie sammeln kaputte Ventilatoren und leere Bierdosen und stehen außerdem im Ruf, die Flip-Flops vor den Türen zu klauen. Es ist ruhig, wenn nicht gerade der Brotverkäufer angeradelt kommt, in Schlangenlinien, weil sein zerschlagenes Fahrrad überladen ist mit Körben voller warmer Baguettes, die einen seltsam süßlichen Nachgeschmack haben. Er singt vor jedem Haus »*pang, pang! pang, pang!*«, das kambodschanische Wort für Brot. Es ist ruhig, wenn nicht gerade einer der vielen Gebratene-Eier-Verkäufer auf seiner Daelim angefahren kommt, die einen heißen Holzkohlegrill als Beiwagen hat. Auf dem Grill brutzeln Hühnereier in ihrer Schale vor sich hin, manche bereits ausgebrütet. Ein Endlostonband verkündet über einen blechernen Lautsprecher die inoffizielle Hymne Phnom Penhs, man hört sie an jeder Straßenecke: »*Pong moan ang psam krüang piseh mian rutschiat tschnguy-tschnagn!*« Heißt: »Gebratene Eier mit einer speziellen Zutat haben einen wohlriechend-leckeren Geschmack.« Wenn also all dies nicht eintritt, dann ist unsere Straße eine Oase der Ruhe.

In dieser kambodschanischen Idylle falle ich natürlich auf – ich bin der einzige Weiße. Bei uns in der Straße habe ich deshalb einen Spitznamen: *Tsching-tschoh* – der Gecko. Geckos sind, genau wie ich auch, bleich, dünn und haben große Augen. Ich habe volles Verständnis dafür, dass die kambodschanischen Kinder mir gegenüber misstrauisch sind. Nicht nur, weil ich wie ein Gecko aussehe. Ich pflege zudem viele völlig unkambodschanische Verhaltensweisen. Zum einen bin ich den ganzen Tag im Haus. Für Kambodschaner ist ein Haus zum Schlafen da, damit einen die Moskitos nicht stechen, damit man nachts sein Auto ins Wohnzimmer fahren kann oder damit man angeben kann. Aber tagsüber ist man draußen und plaudert mit den Nachbarn, das Leben findet auf der Straße statt. Ich dagegen sitze den ganzen Tag bei geschlossenem Fenster und eingeschalteter Klimaanlage an meinem Laptop und tippe.

Ich habe oft versucht, meinen Nachbarn zu erklären, dass ich damit mein Geld verdiene: Ich schreibe Zeugs auf meinem Laptop, das ich per E-Mail nach Deutschland schicke, und dann gibt mir jemand Geld dafür, das ich mit der EC-Karte am Geldautomaten abholen kann.

Wenn ich meinen Nachbarn diesen Zusammenhang erkläre, ernte ich meist ein ratloses Lächeln. Und dann wechseln wir das Thema.

Ich kann sie verstehen. In der Straße wohnen Moto-Taxi-Fahrer, Holzhändler, ein Arzt, Lehrer und Polizisten. Die fahren morgens auf ihrem Motorroller zur Arbeit und kommen abends verschwitzt nach Hause. Am Monatsende kehren sie mit von Gummibändern zusammengehaltenen Geldbündeln nach Hause, die ihnen ihre Frauen sofort abnehmen. Meine Art des Gelderwerbs muss ihnen höchst abstrakt vorkommen.

Und dann pflege ich noch weitere seltsame Gewohnheiten. Ich lese zum Beispiel Bücher. Das finden meine Nachbarn zwar in der Theorie löblich – in der Praxis sind sie aber eher der Ansicht, dass Bücher etwas für Eigenbrötler sind, die keine Freunde haben, um die ganzen anderen Dinge zu tun, die für kambodschanische Männer das Leben lebenswert machen: mit Karten um Geld spielen. Oder mit freiem Oberkörper vor dem Haus sitzen und Dosenbier trinken. Oder in einem Karaoke-Biergarten Lieder singen, die meistens davon handeln, dass ihre Geliebte jemanden gefunden hat, der mehr Geld hat. Man könnte mich also als Integrationsverweigerer bezeichnen. Verständlich, dass ich den Kindern unheimlich bin.

Sicherlich würde ich ein sehr isoliertes Dasein in Kambodscha fristen, wenn es nicht drei Menschen gäbe, die immer ein gutes Wort bei meinen Nachbarn für mich einlegen: meine Kinder. Sie spielen den ganz Tag auf der Straße, plappern Khmer, Deutsch und Englisch durcheinander und kehren abends braun gebrannt nach Hause zurück, mit verschrammten Knien, schmutzigen Füßen und rotzigen Nasen. Dafür werden sie von meinen Nachbarn als echte Kambodschaner angesehen. Sogar die Grenzbeamten lassen sie am Flughafen ohne Visum einreisen – trotz ihrer deutschen Pässe.

In Deutschland rückt die Geburt eines Kindes die Eltern in die Isolation: Alte Freunde kommen nicht mehr zu Besuch, weil sie denken, sie dürften nicht mehr in der Wohnung rauchen oder keine zotigen Anekdoten mehr erzählen. Man wird nicht mehr auf Partys eingeladen, und man erntet vorwurfsvolle Blicke, wenn man mit den lärmenden Kleinen in ein Restaurant geht: »Muss das sein?« In Kambodscha dagegen sind Kinder die Eintrittskarte zum sozialen Leben. Wenn man in ein Restaurant geht, kann man davon ausgehen, dass die Bedienung erwartungsvoll fragt, ob sie auf das Baby aufpassen darf. Wenn ich zu einer Hochzeit, einer Geburtstagsfeier oder einem Abendessen eingeladen werde, weiß ich, dass die Einladung in Wahrheit nicht mir gilt, sondern meinen Kindern. Wer Kinder hat, zahlt meist weniger auf dem Markt. Wenn ich keine Kinder hätte, wäre ich für meine Nachbarn nicht mehr als ein weißes, notgelandetes Alien, das sich nicht aus seiner klimatisierten Kammer traut. Ich hätte noch nicht mal einen Spitznamen verdient. Da ich nun aber gleich drei Kinder habe, bin ich für sie der Gecko und voll integriert, obwohl ich Bücher lese.

Trotzdem: Eine Gruppe der Kambodschaner tut sich schwer, sich mit mir anzufreunden – die kambodschanischen Kinder selbst. Und das liegt nicht nur daran, dass ich anders bin. Warum verängstigt mein Anblick sie so? Eines Tages, nachdem ich wieder völlig unbeabsichtigt ein Kind in die Tränen getrieben hatte, fragte ich meine Frau. Wie kommen die Kinder auf die Idee, dass ich sie aufessen würde? Sie erklärt mir schulterzuckend, dass die Eltern es ihren Kindern erzählen würden.

Das verunsicherte mich noch mehr. Erst dachte ich, meine Nachbarn würden die Kinder warnen wollen – schließlich liest man in der Zeitung immer wieder Geschichten über weiße Touristen, die kambodschanische Kinder missbrauchen. Es existiert durchaus ein gewisses Misstrauen gegenüber westlichen Männern, die sich asiatischen Kindern nähern. Aber das war es nicht. Meine Nachbarn misstrauten mir nicht – es war ihre Form von Humor. Sie fanden es einfach süß, wenn so ein Knirps bei meinem Anblick in Tränen ausbrach und in die Arme seiner Mutter rannte. Aber das war noch nicht alles – eine Teilschuld trifft auch meine Tochter.

Ich stellte fest, dass sie keinerlei Bestrebungen zeigte, bei ihren Altersgenossen den Mythos vom kinderfressenden weißen Gecko zu entkräften. Im Gegenteil. Ein erster Verdacht überkam mich, als sie mich darum bat, das Krokodil zu malen. Wenn Rothana etwas will, sagt sie immer »Duhu, Pabba«. Oft muss ich dann etwas für sie malen: meistens Hunde oder Tiger. Und sie malt dann immer Barbie-ähnliche Mädchen mit langen Haaren und langen Wimpern dazu. Doch dieses eine Mal hatte sie einen besonderen Auftrag: »Duhu, Pabba, kannst du ein Krokodil malen, das gerade ein Kind frisst?« Ich fand den Auftrag etwas ungewöhnlich und wollte daher wissen, wozu sie das Bild eines menschenfressenden Krokodils brauche. Sie sagte trocken, sie wolle damit ihre Freunde erschrecken. Ich sagte, ich könne ein Krokodil malen, aber keines, das ein Mädchen auffrisst. Meine Tochter ist gut darin, Kompromisse auszuhandeln. Sie sagte, ich könne doch ein Krokodil mit einem offenen Maul malen, und sie werde dann das Kind darin malen. Dagegen hatte ich nichts einzuwenden. Ich malte also ein finster dreinblickendes Krokodil und gab das Papier meiner Tochter, und sie malte dem Tier ein unglücklich aussehendes Barbie-ähnliches Mädchen mit langen Wimpern ins Maul, dem bereits die Arme fehlten. Dann malte sie noch mit rotem Filzstift Blutspritzer, die über das ganze Papier schossen, und Knochen, die auf dem Boden herumlagen.

»Schrecklich genug?«, fragte ich.

»Sehr schrecklich«, sagte sie zufrieden.

Dann lief sie zur Haustür hinaus, stellte sich auf die Straße und blickte erwartungsvoll nach links und rechts, ob es da jemand zu erschrecken gab. In diesem Moment kam mir ein Verdacht.

Endgültig bestätigt wurde ich, als wir eines Tages zusammen im Paragon-Einkaufszentrum waren. Ich wäre eigentlich dazu verpflichtet gewesen, das Einkaufszentrum zu boykottieren. Es befindet sich genau dort, wo meine Frau und ich unsere erste Wohnung hatten, in einem ärmlichen, aber gemütlichen Holzhaus, in dem wir eine glückliche Zeit verbrachten. Das Haus ist weg, das Einkaufszentrum hat seinen Platz eingenommen. Aber es gibt dort einen Supermarkt, in dem man Nutella, Mirakuli und Beck's kaufen kann, deshalb fällt es mir schwer, es zu hassen. Im obersten Stockwerk gibt es ein Kinderhaus mit Kugelbad, ein bisschen wie das IKEA-Kinderparadies. Nach dem Einkaufen darf Rothana dort eine Stunde rumtollen, während ich etwas am Laptop rumtippe. Ich finde, dass sie inzwischen etwas zu alt dafür ist, aber sie besteht auf dem Ritual. Wir streiften also durch die Regale und luden Toilettenpapier, Tütensuppen und Zahnbürsten in den Einkaufswagen. Da stellte sie diese Frage.

»Duhu, Pabba? Kann ich dich was fragen?«

»Klar«, sagte ich.

»Isst du wirklich Kinder?«

Ich konnte kaum fassen, dass sogar meine eigene Tochter diesen Unsinn glaubte. Etwas genervt sagte ich: »Nur Freitags.« Es war Samstag. Irritiert stellte ich fest, dass die Antwort ihr zu gefallen schien. Vielleicht war ein kinderfressender Vater ja zu etwas nützlich. Nach dem Einkaufen gingen wir in das oberste Stockwerk, zum Kinderhaus. Rothana verschwand in dem Kugelbad, nur um keine zehn Minuten später, in Tränen aufgelöst wieder herausgerannt zu kommen. Ein Junge habe sie an den Haaren gezogen, sagte sie. Sie nahm mich an der Hand, um mir den Übeltäter zu zeigen. Er war einen Kopf kleiner als Rothana. Sie schaute von mir zu dem Jungen und von dem Jungen zu mir, aber der Kleine hatte offensichtlich nicht vor, in Tränen auszubrechen. Sie musste eine erschreckende Entdeckung machen: Dies hier war ein einkaufszentrumserfahrener Bursche aus der kambodschanischen Mittelschicht, der an den Anblick von weißen Menschen gewöhnt war. Er hatte keine Angst vor mir.

Nach diesem Erlebnis wollte sie nach Hause. Wir gingen weiter, ich schleppte die Einkaufstüten durch die Mittagshitze, während sie in Gedanken verloren an einem Eis leckte. Offensichtlich ging ihr etwas im Kopf herum.

»Duhu, Pabba«, fragte sie mich. »Kommen wir nächste Woche wieder?«

»Ja, nächste Woche gehen wir wieder einkaufen«, sagte ich.

»Meinst du, der Junge kommt auch?«

»Ja, der Junge kommt vielleicht auch wieder.«

Dann schwieg sie einen Moment.

»Duhu, Pabba«, sagte sie. »Kannst du ihn bitte aufessen?«

Der Kehrer von Ta Prohm

Er fiel mir nur deshalb auf, weil er auf dem Cover meines »Lonely Planet« abgebildet war. Ein alter Mann, der vornübergebeugt die lehmige Erde der Tempelruine Ta Prohm von den ewig herabfallenden Blättern frei fegte. Sein Rücken war krumm, als wäre er von den sich ständig wiederholenden Bewegungen geformt worden. Er hatte sich den Kopf rasiert, wie es trauernde Kambodschaner tun. Über seinem Schädel spannte sich die dünne, von weißen Stoppeln übersäte Haut. Ich blickte vom Titel meines Reiseführers auf den Alten und wieder zurück auf das Buch. Einen Moment lang konnte ich nicht glauben, dass es tatsächlich der gleiche Mann war. Aber er trug sogar das gleiche blaue Hemd und die gleichen zerschlissenen Shorts wie auf dem Foto. Auf dem Bild sah man ihn vor einem mit Baumwurzeln überwachsenen Torbogen stehen, für einen kurzen Augenblick von seiner Arbeit aufblickend, um den Fotografen anzulächeln.

Wenn man ein modernes Äquivalent zum griechischen Sisyphos suchte, dann würde man es in diesem Mann finden. Die Tempelanlage Ta Prohm ist bei Touristen außerordentlich beliebt, da sie bewusst so gelassen wurde, wie die französischen Archäologen sie im neunzehnten Jahrhundert vorfanden: vom Dschungel überwachsen. Sie liegt im Zwielicht unter einem Dach aus Blättern, in dem unsichtbare Vögel schreien. Baumriesen haben die aus massiven Sandsteinblöcken gebauten Wände und Terrassen gesprengt. Ständig schweben vom grünen Dach neue vertrocknete Blätter herab und sammeln sich auf den Gehwegen, die für die Touristen freigehalten werden müssen. Und ständig fegt der Mann sie wieder weg, mit asiatischer Geduld.

Ich schlich durch den Tempel und gab vor, mir die Reliefs, die Steinhaufen und die Wurzeln des Dschungels anzusehen, welche die Wände des Tempels mit der stillen Gewalt einer hungrigen Würgeschlange umklammerten. Tatsächlich betrachtete ich den alten Mann. Wusste er von seiner Berühmtheit? Dass er für Millionen Lonely-Planet-Leser zu einem Symbol für Kambodscha geworden war? Oder kehrte er tagein, tagaus zwischen den Touristen, Blatt für Blatt, in unschuldiger Ignoranz seines Ruhms?

Seit meinem ersten Besuch suchte ich jedes Mal, wenn ich die Tempelanlagen von Angkor besuchte, nach dem alten Kehrer vom Tempel Ta Prohm. Jedes Mal fand ich ihn. Entweder kehrte er, manchmal verkaufte er auch kleine hölzerne Kuhglocken an Touristen, oder er schlief wie eine Katze auf einem vermoosten Steinblock.

Und einmal, nachdem ich schon etwas Khmer gelernt hatte, sprach ich ihn an. Er wusste inzwischen, wie berühmt er war. Ein Kamerateam von der BBC hatte eine Dokumentation über ihn gedreht. Unzählige Touristen hatten sich mit dem »Lonely-Planet-Guy« fotografieren lassen. Er war zu einer lebenden Touristenattraktion des Archäologieparks geworden, genauso wie die Apsara-Tänzerinnen im Tempel Angkor Wat oder die behinderte Frau, die früher im Bayon vor eine Buddhastatue Räucherstäbchen an Touristen verkaufte.

Nicht nur er war berühmt geworden – auch der Tempel. Die US-Schauspielerin Angelina Jolie war angereist, um die

Anlage als Kulisse für den Film »Tomb Raider« zu nutzen. Seitdem hat sie ein Tattoo in kambodschanischer Schrift, einen kambodschanischen Adoptivsohn namens Maddox und als Ehrenbürgerin Kambodschas einen kambodschanischen Reisepass. In den Bars in der nahe gelegenen Stadt gibt es jetzt »Angelina Jolie«-Drinks. Und Ta Prohm, den man zuvor allgemein den »Dschungeltempel« nannte, ist jetzt der »Angelina-Jolie-Tempel.«

Doch Berühmtheit ist ein abstraktes Wort, wenn man in einem kleinen Verschlag wohnt und jeden Tag aufsteht, um Blätter zu fegen. Für den Kehrer war es wahrscheinlich nur eine kleine Strähne des Glücks in einem Leben voller Entbehrungen – es kamen mehr Touristen, die Kuhglocken kauften und ihm etwas Geld zusteckten.

Einmal begleitete ich ihn am späten Nachmittag auf dem Weg in sein Dorf, das an das Tempelgelände grenzt. Wir saßen beim Licht einer Öllampe in seinem Häuschen. Er erzählte immer nur von zwei Dingen: von den Tempeln und von seinen Söhnen. Sein ganzes Leben hindurch hätten ihn die Tempel begleitet, erzählte er. Vor dem Krieg und dem Regime der Khmer Rouge habe er als Arbeiter den französischen Restaurationsteams geholfen. Und heute stehe er jeden Tag auf, um den Tempel Ta Prohm zu kehren. Es könne kein Zufall sein, dass er sein ganzes Leben hindurch mit den Tempeln zu tun habe. Es müsse Schicksal sein, wahrscheinlich sei er ein Nachfahre der Erbauer. Seine beiden Söhne seien von den Khmer Rouge als Soldaten geholt worden. Seither habe er nie wieder etwas von ihnen gehört. Jeden Tag hoffe er noch, dass sie wieder zurückkämen, dass sie vor seinem Haus stünden, wenn er von der Arbeit zurückkehrte.

Es wurde allmählich dunkel im Häuschen des Kehrers, und er sagte, dass jede Nacht die Geister der Toten kämen und ihn mit Albträumen quälten.

Blätter kehren und warten. Schmerzhafte Hoffnung jeden Tag. Angesichts dieses Meers aus Verzweiflung setzte meine

Vorstellungskraft aus. Ich war unfähig, sein Leid nachzuvollziehen, weil ich aus einer anderen Welt kam und andere Erfahrungen gesammelt hatte. So geht es mir oft, wenn ich Menschen treffe, denen durch Krieg und Armut Schreckliches widerfahren ist. Ich hätte dem Kehrer gegenüber Mitgefühl heucheln können, doch für mich war seine Geschichte nur eine weitere Reiseanekdote, ein Eintrag in einem Traveller-Blog. Der moderne Massentourismus, ein Internetreisebüro und mein Reiseführer hatten mich zu ihm gebracht, den ganzen weiten Weg bis in sein kleines, ärmliches Haus. Ich hatte sogar seine Sprache gelernt. Und trotzdem reichte das alles nicht, um den Mann wirklich verstehen zu können.

Diese Kluft der Verständigung macht mich oft wahnsinnig. Ich sehe Leid und würde es gern erklären, ich möchte Mitgefühl wecken, dem Beruf des Schreibers einen Sinn geben. Doch ich kann schreiben, was ich will, es kann niemand verstehen, der nicht hier gewesen ist – und selbst das reicht noch nicht aus. Oft habe ich das Gefühl, eine andere Sprache zu sprechen. Als ich das Haus des Kehrers verließ, legte ich einige Dollarscheine auf seinen Tisch. Er nahm sie mit einem freundlichen Nicken an.

Einige Zeit später besuchte ich den Tempel noch einmal, und er war nicht mehr da. Ein paar Frauen in grünen Kitteln, die nun an seiner Stelle als Kehrer arbeiteten, sagten mir, er sei zu alt geworden und bleibe jetzt zu Hause. Dann, wieder einige Jahre später, las ich in einem Blog-Eintrag, dass er gestorben sei. Als ich das letzte Mal im Ta Prohm war, fand ich eine hölzerne Plattform, die mit einem niedrigen Geländer aus Tauen begrenzt war, an der Stelle, an der ich ihn getroffen hatte. Man hatte sie aufgestellt, damit sich die Touristen gegenseitig vor den Wurzeln eines mächtigen Baumes fotografieren können. Man hatte ein kleines Schild angebracht: »Angelina-Jolie-Baum«.

Krieg der Legenden

Leider sehen nur wenige Besucher Kambodschas den Tempel von Preah Vihear. Das ist schade. Denn wer verstehen will, was die Ruinen der Khmer-Tempel für die Khmer bedeuten, der sollte sich nicht Angkor Wat ansehen, sondern Preah Vihear. Genauer gesagt: Er sollte sich ansehen, was sich am Eingang zum Tempel abspielt.

Der Tempel steht am Rande einer achtzig Meter hohen Klippe unmittelbar an der Grenze zu Thailand. Wer über deren Rand nach Süden blickt, sieht ein Meer aus grünen Blättern – der kambodschanische Urwald. Auch der Tempel selbst ist spektakulär: eine achthundert Meter lange Anlage, gebaut entlang einer Nord-Süd-Achse. Über einen beschwerlichen Weg, über unzählige Treppen, durch Torbögen, die mit Reliefs aus Blumen und den Köpfen der neunköpfigen Schlange *naga* verziert sind, über eine von Stelen, Säulengängen und Höfen gesäumten Straße gelangt man schließlich zu der Plattform, auf der sich das Heiligtum befand: Als der Tempel im zwölften Jahrhundert eingeweiht wurde, stand hier ein *linga*, ein steinerner Phallus, das Symbol der hinduistischen Gottheit Shiva.

Wenn man die Treppen hinuntergeht, Richtung Norden, weg von der Klippe, dann bietet sich einem ein seltsamer Anblick. Neben einem Pflasterweg steht ein großes Schild, auf dem in weißer Schrift auf blauem Grund geschrieben steht: »I have pride to be born as a Khmer«, einmal in Englisch, einmal in Khmer. Dann, am Fuße der Anlage, erscheinen zwischen den Bäumen Laufgräben und ein Bunker aus Sandsäcken; aus einer Öffnung starrt ein schweres MG. Neben den Bunkern liegen gelangweilte Soldaten in Hängematten und hören Radio, andere arbeiten in einem kleinen Garten, ihre Sturmgewehre vom Typ AK-47 umgehängt. Eine Frau kocht Essen in einer Bambushütte, an deren Wänden B-40 Raketenwerfer aus chinesischer Produktion lehnen. Nicht weit davon sieht man zwischen den Sträuchern die Zelte ihrer Gegner: thailändische Soldaten. Der Weg führt zu einem verschlossenen Tor, das den Grenzübergang nach Thailand markiert. Es ist verschlossen. Davor wurden unzählige Rollen aus Stacheldraht ausgerollt; es wirkt wie eine Hecke aus Stahl. Seit Oktober 2008 ist die Lage am Tempel Preah Vihear angespannt.

Es ist eine asiatische Version des *drôle de guerre*: Regelmäßig kommt es zu kurzen Feuergefechten, bei denen Soldaten sterben. Dann, nur wenige Tage später, werden in den Zeitungen Fotos von deren Befehlshabern abgedruckt, wie sie sich gegenseitig Früchtekörbe überreichen und feststellen, dass die Gefechte auf »Missverständnisse« zurückzuführen seien und man lediglich die »Kommunikation verbessern« müsse. Dann kommt es wieder zu Gefechten und abermals zu Treffen mit Früchtekörben. Als am 15. Oktober 2008 erstmals beide Seiten das Feuer aufeinander eröffneten, starben drei kambodschanische und ein thailändischer Soldat; zehn thailändische Soldaten wurden von den Kambodschanern gefangen genommen. Seitdem herrscht eine Art unausgesprochener Kriegszustand. Am 3. April 2009 starben wieder drei Thailänder und zwei Kambodschaner. Am 31. Januar 2010 starb ein thailändischer Soldat. Bei diesem letzten Gefecht wurde auch ein kleiner

Markt beschossen, auf dem Familienangehörige der Soldaten Fisch, Fleisch, Gemüse und Softdrinks verkauften – eindeutig kein militärisches Ziel.

Es sind zwei ungleiche Armeen, die sich hier gegenüberstehen: Die Kambodschaner in Flip-Flops und ausgeblichenen Uniformen, die wie Schlafanzüge wirken, mit blank gewetzten AK-47, die wahrscheinlich schon in vielen Kriegen zum Einsatz gekommen sind. Es sind kampferprobte Soldaten, manche haben im Bürgerkrieg für die Khmer Rouge gekämpft, manche für die Regierung. Auf der gegnerischen Seite die Thailänder, in schwarzen Uniformen, Kampfstiefeln und mit zackigen Baretten, bewaffnet mit brandneuen M-16. Ihre Erfahrung beschränkt sich auf zahlreiche Staatsstreiche. Die Khmer sind zuversichtlich. Sie glauben, dass von dem Tempel eine mythische Kraft ausgeht, die sie beschützt. *Sambok khmum*, das Bienennest, nennen sie diese Gegend. Eine Legende sagt, dass der Ort von wilden Bienen bevölkert sei, die jeden Eindringling erbarmungslos angreifen, die Khmer dagegen verschonen.

Die Bienen-Geschichte ist typisch für diesen komischen Krieg, in dem Legenden eine so große Rolle spielen. Worum geht es? Die Frage ist gar nicht so einfach zu beantworten. Es ist ein Konflikt, der für Europäer völlig unverständlich wirkt – ein Kampf der Sagen und Mythen. Es geht nicht um Öl, nicht um Absatzmärkte, nicht um Rohstoffe, nicht um Demokratie und nicht um Kommunismus. Es geht viel mehr um die Legenden zweier Völker – um die Frage, wessen Sagen nun wirklich die Wahrheit erzählen.

Wir Europäer haben eine komplett andere Geschichtsschreibung, die sich an historischen Fakten orientiert. Legenden, so etwas kennen wir nur aus den Hochglanz-Tourismusbroschüren, mit denen Kleinstädte ihre Bedeutungslosigkeit überspielen wollen. Daher übersehen wir gern die Bedeutung, die nationale Mythen für andere Kulturen haben können. Die Legenden, die wir kennen, sind tot und zwischen zwei Buchdeckel gepresst. Die Legenden in Südostasien sind jedoch lebendig. Sie geben Hoffnung und Zusammenhalt – und manchmal können sie töten.

Worum es in diesem speziellen Konflikt offiziell geht, ist schnell erzählt. Seit vielen Jahrzehnten ist umstritten, ob der Tempel auf thailändischem oder auf kambodschanischem Gebiet steht. 1907, noch zur Zeit der französischen Kolonie, einigten sich Thailand und Frankreich auf einen Grenzverlauf zwischen dem Königreich und dem Protektorat Indochina, das Kambodscha umfasste. In dem Vertrag hieß es, die Wasserscheide des Dongrek-Gebirges solle als Grenzverlauf dienen; auf einer dem Vertrag angehängten Karte war jedoch der Tempel, der nördlich der Wasserscheide liegt, auf kambodschanischem Gebiet zu sehen. Seitdem streiten sich Kambodscha und Thailand um die Ruine. 1962 entschied der Internationale Gerichtshof in Den Haag, dass der Tempel und das umliegende Gelände zu Kambodscha gehören. Thailand gab den Tempel zurück, aber hielt den Rest des Geländes weiter besetzt. Zu den Schusswechseln in den letzten Jahren kam es, nachdem Anfang 2008 in Thailand bekannt wurde, dass die kambodschanische Regierung plante, den Tempel als Weltkulturerbe bei der UNESCO zu registrieren. Thailand protestierte gegen diesen Vorschlag. Offiziell möchte die thailändische Regierung nur, dass die Kulturstätte unter eine gemeinsame Verwaltung gestellt wird, was die Restaurierungsarbeiten und den Ausbau als Touristenattraktion angeht. Aber natürlich muss man die Wahrheit zwischen den Zeilen lesen: Wenn es bei dieser Auseinandersetzung nur um die Restaurierung von alten Steinen gehen würde, wäre es nicht notwendig, Schützengräben auszuheben. Im Jahr 2008 veranstaltete die PAD regelmäßig Demonstrationen auf der thailändischen Seite des Tempels – eine ultrakonservative Organisation, die offen einen Krieg mit Kambodscha fordert. Im gleichen Jahr kam eine Regierung in Thailand an die Macht, die dieser Organisation nahesteht. Die »Bangkok Post« ging dazu über, nicht mehr von einem Khmer-Tempel, sondern vage von einem »Hindu-Tempel« zu schreiben. Nachdem einige thailändische Demonstranten illegal die Grenze überquert hatten und auf kambodschanischem Gebiet festgenommen worden waren, zogen beide Länder ihre Truppen um den Tempel herum zusammen, und bald fielen die ersten Schüssen.

Worum es in Wirklichkeit geht, ist schwieriger zu erklären. Der Tempel ist zu einem Symbol geworden. Es geht um die Frage, welches der beiden Länder der Geburtsort südostasiatischer Kultur ist – das reiche Thailand oder das arme Kambodscha? Thais und Khmer teilen eine gemeinsame Kultur. Wo sind die Traditionen der beiden Königshäuser entstanden? Haben die Thailänder sie von den Kambodschanern übernommen oder war es andersherum? Diese Frage lässt sich kaum beantworten. Die Tänze der königlichen Ballette – entstanden sie in Angkor Thom oder im thailändischen Ayutthaya? Die Lieblingssportart aller Südostasiaten, sollte sie Thai-Boxen heißen oder nicht viel eher Khmer-Boxen? Über so etwas könnten sich Khmer und Thais ewig streiten, wenn sie über diese Themen denn miteinander reden würden. Gerade weil Thais und Khmer sich kulturell so ähnlich sind, sind sie miteinander verfeindet. Beide Seiten sehen die Khmer-Tempel als Teil ihres kulturellen Erbes und sich selbst als die Nachfahren der Erbauer.

Nicht nur die Thailänder, sondern auch die Kambodschaner neigen zu einem durchaus gewalttätigen Nationalismus, wenn es um die Tempel geht. Im Jahr 2003 tobte ein Mob aus Studenten und Motodup-Fahrern durch die Hauptstadt Phnom Penh; die thailändische Botschaft wurde niedergebrannt. Der Auslöser war eine Nichtigkeit. In einer Radiosendung hatte ein Moderator fälschlicherweise behauptet, eine bekannte Schauspielerin aus Thailand habe gesagt, dass Angkor Wat zu Thailand gehöre.

Und ich erinnere mich an einen Bericht in der »Phnom Penh Post« über die Festnahme eines Thailänders, der in der kambodschanischen Stadt Poipet lebte. Sein Vergehen: Er hatte vor sein Toilettenhäuschen im Garten einen Fußabtreter gelegt, der Angkor Wat als Motiv zeigte – und so das kambodschanische Nationalheiligtum mit Füßen getreten.

Wenn man den trotzigen Nationalismus der Khmer verstehen will, muss man sich vor Augen halten, dass sie so regelmäßig mit der Möglichkeit des Verschwindens ihrer Nation konfrontiert waren wie sonst nur die Polen. Die Nation der Khmer ist tief gefallen. Als sie Preah Vihear im zwölften Jahrhundert erbauten, herrschten sie über ein Reich, dass von der Küste des heutigen Vietnams bis tief in die Gebiete des heutigen Thailands und Laos' hineinreichte. Durch ein ausgeklügeltes Bewässerungssystem waren die Khmer damals in der Lage, Reis in großen Mengen zu produzieren. Angkor Thom, damals die Hauptstadt des Reichs, war eine Millionenstadt – zu einer Zeit, als London und Paris noch Käffer mit ein paar Zehntausend Einwohnern waren.

Dann, aus Gründen, die heute niemand genau benennen kann, begann der Abstieg. Im dreizehnten und vierzehnten Jahrhundert erstarkte Thailand, das einst ein kambodschanischer Vasallenstaat gewesen war. 1431 eroberten die Thailänder Angkor Thom und leiteten damit das Ende des großartigen Khmer-Reiches ein. Im neunzehnten Jahrhundert war Kambodscha ein verarmtes Land, um dessen Kontrolle sich Thailand und Vietnam stritten. Es steht außer Frage, dass Kambodscha heute verschwunden wäre, wenn Frankreich nicht im neunzehnten Jahrhundert sein Protektorat in Indochina errichtet hätte.

Auch in der Moderne blieben Kambodschas Grenzen ständig bedroht. Im Zweiten Weltkrieg griff Thailand die damalige französische Kolonie mit Panzern an, um sich die westlichen Provinzen Kambodschas einzuverleiben – darunter auch Siem Reap, der Landstrich, in dem Angkor Thom und der Tempel Angkor Wat stehen. Erst nach dem Zweiten Weltkrieg gab Thailand die Provinzen zurück, unter der Bedingung, von den Alliierten nicht als Teil der unterlegenen Achsenmächte behandelt zu werden. Später, während des Vietnamkrieges in den Sechziger- und Siebzigerjahren. drangen nord- und südvietnamesische Truppen ungehindert tief in Kambodscha ein. Und die Brutalität und Paranoia der Khmer Rouge, der kambodschanischen Kommunisten, speiste sich zum großen Teil aus ihrer Angst, von den sozialistischen Brüdern aus Vietnam besetzt und vereinnahmt zu werden.

Was muss im Herzen einer Nation vor sich gehen, die zum größten Teil in Armut lebt und ständig der Überheblichkeit ihrer Nachbarn ausgeliefert ist – und das alles im Schatten von Ruinen, die ihnen unentwegt die einstige Größe und Überlegenheit vor Augen führen?

Mir fallen aus dem Stand ein paar Dinge ein, auf die die Kambodschaner auch heute noch stolz sein könnten. Zum Beispiel auf die wirtschaftliche und gesellschaftliche Erholung, die nach einer derart langen Periode von Zerstörung und Gewalt verblüffend schnell einsetzte. Sie könnten stolz darauf sein, ein derart weltoffenes und gastfreundliches Volk zu sein – Tugenden, mit denen sich Thailänder und Vietnamesen noch immer schwertun. Aber daran denken Kambodschaner nicht. Sie sind stattdessen stolz auf ihre Tempel, auf ihre Tempel und außerdem auf ihre Tempel – und auf nichts anderes.

Die Kambodschaner haben ihre eigene Erklärung für den Untergang des alten Khmer-Reiches, und sie hat wenig mit der Geschichtsschreibung der französischen Archäologen zu tun. Als ich das erste Mal nach Kambodscha reiste, nahm mich meine heutige Frau in ein kambodschanisches Kino mit. Ich hatte keine Ahnung, was für einen Film wir sehen würden. Aus ihren Äußerungen schloss ich nur, dass er für viel Gesprächsstoff in der Stadt gesorgt hatte. Der Raum war überfüllt, die Nationalhymne ertönte, und das Publikum stand zu Ehren des Königs auf. Der Film wirkte, als hätten einige Schüler ihn mit dem Camcorder ihres Vaters aufgenommen. Die Kostüme waren schrill und bunt, es gab unzählige Spezialeffekte, die etwas unbeholfen per Computer eingefügt worden waren. Die Geschichte schien keiner westlichen Vorstellung von filmischem Aufbau oder dramaturgischer Gerechtigkeit zu folgen. Sie handelte von einem Jungen, der ein Kalb besaß, das allerhand magische Fähigkeiten zu bieten hatte: Es konnte sprechen, fliegen, Essen herbeizaubern und sich selbst verwandeln. Der Junge und das Kalb waren auf der Flucht vor thailändischen Soldaten, die das Kalb für ihren König fangen wollten. Ein westliches Drehbuch hätte nun folgenden Verlauf genommen:

Variante A: ein Happy End. Dank der Gewitztheit des Jungen und den magischen Fähigkeiten des Kalbes entkommen sie den Verfolgern und retten die Nation. Der Junge bekommt das Mädchen.

Variante B: eine Tragödie. Aufgrund seiner charakterlichen Fehler (Arroganz, Gier, Überheblichkeit) verliert der Junge das Kalb an die Thailänder und lebt danach verbittert in der Einsiedelei. Er muss für den Rest seines Lebens über seine moralischen Verfehlungen nachdenken.

Der tatsächliche Film folgte jedoch Variante C: einer kambodschanischen Legende. Trotz magischer Fähigkeiten und einwandfreier Moral des Jungen werden die beiden am Ende des Filmes festgenommen und verschleppt. Der westliche Zuschauer sitzt verdutzt in seinem Kinosessel und weiß nicht, was er von der Geschichte halten soll.

Als das Licht wieder anging, rief meine Frau: »Das ist der Grund, warum Kambodscha heute so arm ist!«

Damals hatte ich keine Ahnung, was es mit diesem Film und der Aussage meiner Frau auf sich hatte. Das verstand ich erst, als ich bei eBay auf ein vergilbtes Buch aus ostdeutscher Produktion stieß, in dem eine Sammlung kambodschanischer Legenden abgedruckt war. Ich hatte eine Verfilmung der Sage von »Preah Ko Preah Keo« gesehen.

Das Kalb und der Junge waren beides Kinder der kambodschanischen Königin. Preah Ko, das Tier, brachte den Kambodschanern mit seinen magischen Fähigkeiten Essen, Musik, Kleidung, Architektur – nach der Legende war das Kalb die Quelle der kambodschanischen Kultur. Doch die Kambodschaner waren gierig und verrieten Preah Ko und den Jungen Preah Keo an die Thailänder. Diese nahmen beide gefangen. Und hier liegt nach der Legende der Grund, warum die Thais heute reich und entwickelt sind und die kambodschanische Kultur haben übernehmen können.

Es gibt noch eine etwas andere Version dieser Legende: Preah Ko und Preah Keo nahmen in der Stadt Lovek Zuflucht, eine Festung, die nach dem Zusammenbruch von Angkor Thom als Hauptstadt Kambodschas gegründet wurde. Die Stadt war von einer Bambushecke umgeben, welche die Thailänder nicht durchdringen konnten, und daher versuchten sie es mit einer List: Sie schossen mit ihren Kanonen Silbermünzen in die Hecke und zogen sich zurück. Die gierigen Kambodschaner schnitten daraufhin die Hecke nieder, um an die Münzen zu kommen – und die Stadt war schutzlos. Preah Ko und Preah Keo verwandelten sich daraufhin in Statuen und wurden nach Bangkok verschleppt. Und dort ist Preah Keo noch heute zu sehen: Er ist der sitzende Buddha aus grüner Jade, der in Wat Phra Kaew auf dem Gelände des thailändischen Königspalastes zu sehen ist. Er gilt den Thailändern als schützendes Heiligtum, von dem das Wohl der Nation abhängt.

Diese Geschichten sind für viele Kambodschaner mit der Realität gleichzusetzen. Sie werden herumerzählt, miteinander verknüpft, verfilmt, an aktuelle politische Ereignisse angepasst. Es gibt unzählige Variationen dieser Legende. Und oft hört man, das Preah Ko bereits zurückgekehrt sei. 1997 pilgerten zum Beispiel unzählige Gläubige in ein Dorf in der Nähe von Sihanoukville, um sich mit dem Urin von zwei Ochsen zu waschen, von denen sie glaubten, sie seien Preah Ko und Preah Keo. Eine andere Legende sagt, Chuon Nat, ein beliebter Mönch, der in den Sechzigerjahren den Buddhismus in Kambodscha reformierte, sei eine Reinkarnation von Preah Keo gewesen.

Ich will nicht behaupten, dass alle Kambodschaner glauben, dass diese Sagen historische Realität sind. Doch mit Sicherheit glaubt ein großer Teil an ihre Kernaussage: »Die Thailänder haben uns unsere Kultur geklaut und geben sie heute als die ihre aus!«

Selbst die Grausamkeit der Khmer Rouge lässt sich ohne Wissen um den Nationalismus der Khmer nicht begreifen. Wir in den westlichen Nationen neigen dazu, die Khmer Rouge als eine Bewegung zu sehen, die sich eine westliche Ideologie, den Kommunismus, auf die Fahnen geschrieben hatte und über dieses tief buddhistische und friedliche Land herfiel wie eine Armee von Außerirdischen. Tatsächlich enthielt die Ideologie der Khmer Rouge Elemente, die tief in der kambodschanischen Landesgeschichte verwurzelt waren. Die Khmer Rouge waren ständig besorgt um die Reinheit der kambodschanischen Rasse und schlachteten die Thailänder und Vietnamesen in großer Zahl ab. Sie waren besessen von der Idee, Kambodscha zu seiner einstigen Größe zurückzuführen. In ihrer Hymne heißt es:

Lang lebe der 17. April, der großartige Sieg! Wundervoller und bedeutungsvoller als die Zeit von Angkor!

Der Wirtschaftsplan der Khmer Rouge sah vor, die Bevölkerung der Städte auf das Land zu evakuieren, wo sie – wie einst im Reich von Angkor – riesige Bewässerungsanlagen bauen sollten. Mit dem Erlös aus der Überproduktion an Reis sollten dann Waffen und Industrieanlagen gekauft werden, um das Land zu einstiger Größe zurückzuführen. Bei diesem Vorhaben starb ein Viertel der Bevölkerung.

Auch die Thais pflegen bestimmte Legenden, die ihre Überlegenheit unterstreichen und rechtfertigen sollen. Allerdings haben die thailändischen Nationalisten bei der Identitätsbildung ein kleines Problem: Wenn sie ihre Geschichte zurückverfolgen, stehen sie irgendwann unweigerlich vor den Tempeln von Angkor Wat. Sie sind im eigenen Land umgeben von den Zeugnissen einer Hochkultur, die ihr Land schon besiedelt hatte, als in Thailand noch niemand Thai sprach. Es ist völlig offensichtlich, dass ihre Kultur vom Reich der Khmer abstammt – ein Volk, dass sie heute in ihrem Alltag vor allem als Prostituierte, Bettler und Gelegenheitsarbeiter kennen und verachten.

Man kann das Geschichtsverständnis der Thailänder im National Discovery Museum Institute in Bangkok begutachten. Das Gebäude ist modern, doch das Geschichtsbild, das darin vermittelt wird, ist es nicht. In der Ausstellung wird behauptet, dass es in früherer Zeit keine eigenständigen Imperien gegeben habe, sondern nur Stadtstaaten in einem gemeinsamen Land namens Sovannabhumi, einem thailändischen Vielvölkerstaat. Das klingt nach multikulti und politisch korrekt – unterm Strich besagt diese Darstellung allerdings nichts anderes, als dass es Kambodscha und Laos als Nationen nie gegeben habe.

David Chandler, einer der bekanntesten Kambodscha-Historiker, weist darauf hin, dass er vor einigen Jahren gesehen habe, wie manche der Khmer-Statuen, die im National Museum in Bangkok ausgestellt sind, als »Thai Kunst aus der Khmer-Periode« ausgewiesen wurden.

Kein Wunder, dass viele Thailänder der Ansicht sind, dass Laos und Kambodscha eigentlich thailändische Provinzen waren, die ihnen von Frankreich weggenommen wurden.

Im Januar 2010 schien es kurz, als hätte die Vernunft gesiegt. Beide Seiten hätten sich auf einen Truppenabzug geeinigt, stand in den Zeitungen. Doch im Februar 2011 schließlich nimmt die Gewalt ein neues Maß an: Beide Seiten beschießen sich mit Artillerie und schweren Raketenwerfern. Auf beiden Seiten der Grenze werden Dörfer getroffen, Soldaten und Zivilisten sterben, Tausende fliehen aus der Region. Die Macht der Legenden war stärker.

Wie das nächste Leben das Leben bestimmt

Meine Erinnerungen an das erste Mal, als ich zusammen mit Sreykeo eine Feier in einer kambodschanischen Pagode besuchte, sind immer noch sehr deutlich: Der Berg aus Flip-Flops vor der Treppe der *vihear*, der Haupthalle des buddhistischen Tempels. Die bunten Wand- und Deckengemälde, das milde Lächeln der riesigen goldenen Buddhastatue, die vielen Kinder, die Schwaden der Räucherstäbchen, der Singsang der *sutta*, welche die Mönche rezitierten. Vor allem schockierte mich die Selbstverständlichkeit, mit der ich in die Rituale eingeführt wurde. Alte Frauen nahmen mich an der Hand, zeigten mir, wie ich mich hinzusetzen hatte und sagten mir langsam die Verse in Pali vor, die ich nachsprechen sollte. Keiner kam auf die Idee, aufzustehen und zu sagen: »Ey, Moment mal! Was macht denn der Weiße hier? Ist der überhaupt Buddhist?«

Als deutscher Mittelstands-Atheist mit protestantischer Erziehung hatte ich bis dahin kaum etwas mit Religion zu tun gehabt. Auf das plumpe Vertriebssystem des Christentums, die Kirche mit ihrem ganzen Trara von Hostien, Weihrauch und Erlösung, wollte ich nicht hereinfallen. Doch nun war ich beeindruckt vom Glauben meiner Frau und dem Gefühl der Gemeinschaft, das sie in der Pagode empfing. Ich stand daneben und fühlte mich als zynischer, altkluger und einsamer Quacksalber. Im Buddhismus sah ich eine Religion, die frei war von der protestantischen Spaßfeindlichkeit, frei von der ewigen Betonung des Leidens, frei vom Messdiener-Mief.

Ich war nicht der Einzige, der sich vom Buddhismus ange-zogen fühlte. In einer Umfrage von »Deutsche Welle TV« nannten die Deutschen den tibetischen Dalai Lama an erster Stelle als internationale Persönlichkeit, die für sie ein Vorbild sei. Wissen um die Praktiken der Buddhisten gilt als eines der Merkmale des Weltbürgers – und der Wunsch, ein solcher und eben nicht ein Deutscher zu sein ist ja das Hauptmerkmal des Deutschen schlechthin. Wenn ich in meinem Heimatland bin, dann bin ich überrascht, wo ich überall Buddhastatuen fin-den: in den Schaufenstern von Juwelieren, in den türkischen Ramschläden auf der Hamburger Sternschanze, in den Bars und Clubs und im Salon der Friseuse meiner Mutter in Gerns-heim am Rhein. Ich erinnere mich noch an das Entsetzen meiner Frau, als sie eine Buddhastatue in der Produktionsfirma eines befreundeten Regisseurs fand – auf der Toilette!

Ich begann daher, mich mit dem Buddhismus zu beschäf-tigen. Zum einen las ich die entsprechenden Bücher. Zum anderen fragte ich Sreykeo über ihren Glauben aus. Und es geschah etwas, das ich nicht erwartet hatte – je mehr ich über den Buddhismus wusste, je mehr ich ihn täglich erlebte, desto fremder wurde er mir. Unsere Sicht auf den fernöstlichen Glauben ist oft von dem Wunsch nach einer Religion geprägt, die sich mit unserem heutigen Lebensstil im Westen verbinden lässt – und diese Wunschvorstellung verstellt oft den Blick da-rauf, was diese Religion tatsächlich ist.

Ich erinnere mich an ein Gespräch mit Sreykeo, das meine Sicht auf ihre Religion komplett änderte. Sie glaubt wie alle Buddhisten, dass das Glück oder Unglück, das ihr widerfährt, die Konsequenz ihres *khamma* sei, des Karmas, der Summe der eigenen Taten. Ein hässliches Aussehen, Armut oder Krankheiten sind demnach selbst verursacht durch das eigene negative Verhalten, entweder in einem vorherigen Leben oder im jetzigen. Endgültiges Ziel der kambodschanischen Buddhisten ist es, das *nipian* zu erreichen, das Nirwana, ein Glück unabhängig von allen Gefühlen und Bedingungen. Oder wie es im Tripitaka, der heiligen Schrift des Buddhismus, heißt: »das Versiegen von Reiz, das Versiegen von Abwehr, das Versiegen von Verblendung«.

Nachdem ich angefangen hatte, mir über diese Zusammenhänge Gedanken zu machen, begegnete ich der Allmacht des Karmas überall. Wenn sie den Bus verpasst hatten, sagten die Kambodschaner: »Zu spät in diesem Leben.« Manchmal, wenn sie an einem großen, schönen Haus vorbeiging, sagte Sreykeo beiläufig: »Vielleicht werde ich im nächsten Leben so ein Haus wie dieses haben.« Eine Frage ging mir in solchen Situationen immer im Kopf herum. Sreykeo, meine Frau, ist mit HIV infiziert – eine Krankheit, die beim heutigen Stand der Medizin nicht mehr zwangsläufig tödlich verläuft, die aber von den meisten immer noch als eines der größten möglichen Unglücke angesehen wird, die einen Menschen treffen können. Wenn Sreykeo an Karma glaubt, müsste sie ja eigentlich auch der Ansicht sein, dass ihre Krankheit von ihr selbst verschuldet sei – entweder in diesem oder in einem vorherigen Leben. Eines Tages fragte ich sie, ob sie der Ansicht sei, dass die Krankheit die Strafe für eine schlechte Tat sei. Sie schien darüber oft nachgedacht zu haben. Genau wisse sie nicht, weshalb sie mit der Krankheit gestraft sei, sagte sie. Doch als Kind habe sie einmal ein Vogelnest voller Küken in einem Baum gefunden. Sie habe das Nest mit nach Hause genommen, um mit den Tieren zu spielen. Natürlich seien die Küken ohne ihre Eltern verhungert und gestorben. Der Gedanke, wie die Vogeleltern zu dem Baum zurückgekehrt waren und ihre Kinder nicht mehr fanden, hatte sie damals sehr bedrückt. Und das müsse wohl der Grund sein, warum sie heute HIV habe, sagte sie.

Ich liebte Sreykeo für die Unschuldigkeit ihrer Antwort – doch der Gedanke, dass meine Frau der Ansicht war, sie verdiene es mit einer Krankheit bestraft zu sein, bestürzte mich. Noch mehr entsetzte mich die Erkenntnis, dass sie dachte, ich hätte die Frage gestellt, weil ich ebenfalls der Ansicht war, dass die Krankheit eine verdiente Strafe sei. Und das bedeutete ja auch, dass sie es nicht verdiente, geliebt zu werden, nicht verdiente, ein glückliches Leben zu führen. Dieser Gedanke empörte mich. Jede Zelle in meinem Körper wehrte sich gegen eine derartige Ungerechtigkeit. Ich stellte erschrocken fest: Verdammt, ich bin Christ! Aus jeder Pore meine Körpers roch ich nach Christentum, ob ich es wollte oder nicht.

Die Ansichten meiner Frau schienen überhaupt nicht zu meiner damaligen Sicht des Buddhismus zu passen. Vielleicht springt jetzt irgendwo ein belesener Mensch auf und sagt, dass Sreykeos Glaube eben nicht der »wahre« Buddhismus sei. Aber was ist dann der »wahre« Buddhismus? Und muss ich eine Religion nicht weniger nach den Aussagen von Theologen beurteilen, sondern vielmehr danach, wie sie sich auf das Leben ihrer Anhänger auswirkt, die sogenannten kleinen Leute?

Die Aussage, dass alles, was einem widerfährt, ausgelöst ist durch die eigenen Taten, klingt weise, weltgewandt und selbstkritisch, wenn man in der komfortablen Langeweile der westlichen Welt aufgewachsen ist. Doch vor dem Hintergrund eines Landes, das erst vor Kurzem fast drei Jahrzehnte des Krieges beendet hatte und in dem die meisten Menschen noch immer in Armut leben, klangen diese Überlegungen für mich einfach nur höhnisch. Die Situation warf mich in einen inneren Konflikt: Sollte ich multikulti und tolerant sein und den Glauben und damit die seelische Selbstzerfleischung meiner Frau respektieren? Stellte ich mich nicht voll westlicher Arroganz über sie, wenn ich ihr widersprach? Sollte ich also meinem Gefühl folgen, ein eurozentrischer kulturimperialistischer Ehemann sein und ihr ehrlich sagen, was ich dachte?

Ich beschäftigte mich nach diesem Gespräch immer intensiver mit dem Buddhismus. Insgeheim hoffte ich herauszufinden, dass Sreykeo ihn nur falsch verstanden hatte. Doch das Seltsame war: Je mehr ich versuchte, den Buddhismus zu verstehen, desto besser verstand ich meine eigene Religion.

Je länger ich in Kambodscha lebte, desto öfter musste ich mein Bild des Buddhismus überarbeiten. Viele Missverständnisse rühren daher, dass wir regelmäßig von »dem Buddhismus« sprechen, und dabei die vielen Facetten dieser Religion ignorieren. Sie hat eine viel längere Geschichte als das Christentum. Damit hatte sie genug Zeit, um genauso komplex und oft widersprüchlich zu werden. Es gibt heute viele unterschiedlichen Schulen und Sekten, die für sich beanspruchen, der wahre Buddhismus zu sein. Natürlich gibt es auch hier Dogmatiker und Fanatiker und verstaubte Traditionen, genauso wie im Christentum. Geistliche, die ihre Autorität zum sexuellen Missbrauch ausnutzen? Kleriker, die angesichts einer HIV-Epidemie gegen die Benutzung von Kondomen wettern? Mönche, die während eines Krieges Waffen segnen – oder gar an der Front mitkämpfen? Viele unangenehme Dinge, die wir im Westen als alleinige Eigenschaften unserer Kirchen ansehen, trifft man genauso im religiösen Alltag Kambodschas.

Zudem trifft man den Buddhismus so gut wie nie in Reinform an – außer vielleicht in jenen Büchern, die in Esoterikbuchhandlungen verkauft werden. So gut wie immer vermischt er sich mit anderen Religionen: In Kambodscha zum Beispiel mit dem Hinduismus, dem Animismus und der Ahnenverehrung. Nur westliche Akademiker führen Diskussionen, ob ein bestimmtes Ritual nun hinduistischen und buddhistischen Ursprungs sei – für die Kambodschaner ist das alles ganz einfach ihr Glaube.

Die Buddhisten Kambodschas sind Anhänger der Theravada-Schule. Dies ist die älteste der buddhistischen Schulen. Sie gründet ihre Lehre allein auf dem Tripitaka, dem buddhistischen Kanon. Damit beansprucht sie für sich, die wahre und reinste der Richtungen dieser Religion zu sein, während sie andere buddhistische Lehren als verwässert betrachtet. Die Theravada-Buddhisten versuchen, das *nipian* durch Meditation, moralische Lebensführung und Selbsterkenntnis zu erreichen.

Kern der Religion ist die Erkenntnis, dass allen Dingen jegliche dauerhafte Essenz oder Substanz fehlt, die man als ihr Selbst bezeichnen könnte. Das klingt furchtbar abstrakt. Dessen war sich auch der Erhabene bewusst, nachdem er unter einem Bohdi-Baum sitzend die Erleuchtung erlangte. Das Mahavagga, jener Teil des Tripitaka, der von der Gründung der Religion handelt, beschreibt deshalb auch, wie eine Gottheit ihn zunächst überreden musste, seine Lehre auch tatsächlich zu verkünden. Als er nämlich erkannte, dass dies ein furchtbar schwieriges Unterfangen werden würde, sagte er: »Unter Mühen erkannte ich, jetzt geb' ich auf zu verkünden. Diese Lehre verstehen nicht die von Gier und Hass Beherrschten.«

Der Theravada-Buddhismus ist durchdrungen von dem Gedanken, dass seine Lehre nur von den weisesten Menschen verstanden werden kann. Was ihn daher von anderen Schulen unterscheidet ist der Glaube, dass das *nipian* nur für einen kleinen, ausgewählten Kreis von Menschen erreichbar ist, die ihr ganzes Leben der Meditation und der Selbsterkenntnis widmen. Das heißt in der Praxis: nur von den buddhistischen Mönchen.

Im Theravada-Buddhismus spielen die Mönche eine weit größere Rolle als in den anderen Schulen des Buddhismus oder in anderen Religionen. In Laos und Kambodscha sowie in Burma und Thailand bestimmen sie das Straßenbild. Wenn man sich auf der Straße umblickt, sieht man die Mönche überall in ihren orangefarbenen Roben. Jeden Morgen laufen sie in Reihen durch die Städte, barfuß, mit Sonnenschirmen und einem umgehängten Gefäß aus Blech für die Opfergaben. Sie halten kurz vor jedem Haus und warten, ob jemand aus der Tür kommt. Meistens tritt die Frau des Hauses hervor, wirft einige Geldscheine in die Opferschale, setzt sich mit aneinandergelegten Händen und im Meerjungfrauensitz vor die Mönche und empfängt ihren Segen. Oft schickt man auch ein Kind zum Spenden vor das Haus, um es in die kambodschanischen Traditionen einzuführen.

Wenn man dagegen die Grenze nach Vietnam überquert, ist eine der auffälligsten Veränderungen im Straßenbild, dass man überhaupt keine buddhistischen Mönche mehr sieht. Dass in Vietnam Mönche kaum in Erscheinung treten, liegt zum einen natürlich am Kommunismus, aber auch daran, dass die Kultur des Landes geprägt ist vom Mahayana-Buddhismus, einer Schule, die auch Laien einen Weg zum Nirwana anbietet – und in der Mönche daher eine weniger bedeutende Rolle spielen.

Im Theravade ist die Bedeutung der Mönche so groß, dass man ihn als eine Religion für Mönche bezeichnen könnte. Als ich zum ersten Mal mit den Mönchen im laotischen Luang Prabang sprach, war ich überrascht von deren guten Englischkenntnissen. In der Vorstellung der christlichen Europäer sind Mönche meist alte, sehr konservative Menschen, die abgeschlossen von der Welt ihr Dasein fristen. Sie sind daher überrascht, wenn sie in einer buddhistischen Pagode auf sehr junge Mönche treffen, die sehr gesprächig sind, gut Englisch sprechen und ständig Kurznachrichten in ihre Handys tippen.

Die meisten Mönche sind nicht auf Lebenszeit ordiniert. Typischerweise hat eine Pagode zwei oder drei Äbte und Lehrer, die dauerhaft die Robe tragen, und ein paar Dutzend junge Mönche und Novizen, die nur für wenige Monate oder Jahre dem Orden beigetreten sind. In theravada-buddhistischen Ländern ist es üblich, dass junge Männer für eine kurze Zeit als Mönche leben – erst danach werden sie als gereift angesehen. Im Unterschied zum Christentum gilt es für einen theravada-buddhistischen Mönchen nicht als verwerflich, wenn er die Robe ablegt (eine Ausnahme ist hier Sri Lanka), beispielsweise um zu heiraten.

Die Mönche müssen sich einem komplexen System von Ordensregeln, dem *vinaya*, unterwerfen, das sie vor unmoralischem Verhalten und weltlichen Ablenkungen schützen soll. Dass sie keinen Alkohol trinken dürfen, nicht am Glücksspiel teilnehmen und dass sie keine sexuellen Beziehungen führen, versteht sich von selbst. Sie dürfen aber auch kein Theater, kein Kino und keine Sportveranstaltungen besuchen, nicht nach zwölf Uhr mittags essen, kein Fleisch annehmen, wenn sie wissen, dass das Tier für sie getötet wurde, nicht im Stehen urinieren und sich nicht schmücken oder parfümieren – insgesamt besteht das *vinaya* aus 227 Regeln. Eine dieser Regeln besagt, dass die Mönche kein Geld in die Hand nehmen dürfen – wobei die Spenden heute ohnehin meist in der Form von Scheinen abgegeben werden. Wenn die alte Regel noch beachtet wird, dann oft in einer absurden Form. Manche Mönche lassen sich das Geld in einem Umschlag überreichen, andere fassen es mit einer Pinzette an.

Die Mönche gelten noch immer als absolute religiöse Autorität. Sie sind die Einzigen, die buddhistische Texte lesen und interpretieren. Der Gedanke, dass auch Laien das Tripitaka lesen sollten, ist noch relativ neu. Erst in den Fünfziger- und Sechzigerjahren wurde in den Ländern des Theravada-Buddhismus das Tripitaka aus dem Pali in die jeweilige Landessprache übersetzt. Auch in Kambodscha wurden erst zu dieser Zeit erstmals religiöse Texte in Buchform gedruckt und nicht mehr, wie bis dahin üblich, von den Mönchen auf Palmenblätter geschrieben. In einem normalen kambodschanischen Haushalt wird man daher keine Ausgabe des Tripitaka finden – tatsächlich ist es für die meisten Kambodschaner weit einfacher, an eine Ausgabe der Bibel zu kommen als an das Tripitaka. Ein Schock war für mich, dass die Gläubigen in der Pagode den Text der von ihnen und den Mönchen rezitierten *suttas* gar nicht verstanden – da diese in Pali waren und die meisten jungen Mönche auch heute kaum die entsprechenden Sprachkenntnisse besitzen.

Die Mönche sind der Mittelpunkt aller rituellen Handlungen. Sie meditieren und vertiefen sich in ihre Studien, während die Laien sie mit allem versorgen, was sie benötigen, und dafür im Gegenzug ein gutes Karma bekommen. Aus diesem Grund dürfen die Mönche einen Laien auch nicht um etwas bitten (Ausnahmen sind Wasser, Medizin oder eine neue Robe). Denn wenn ein Laie einem Mönch etwas zu essen gibt, ist es nicht der Weltliche, der dem Geistlichen einen Gefallen tut – sondern es ist der Mönch, der dem Laien zu gutem Karma verhilft.

Nach der Doktrin des Theravada kann kein Mensch erwachen, ohne das *vinaya* zu praktizieren. Das heißt: Laien sind vom *nipian* ausgeschlossen. Diese Tatsache ist auch der Hauptkritikpunkt, den Buddhisten der in Vietnam verbreiteten Mahayana-Schule am Theravada haben – sie nennen ihn abwertend auch »kleines Fahrzeug«, da er nur einer kleine Menge Menschen die Beförderung ins Nirwana eröffnet.

Für die Laien des Theravada-Buddhismus reicht es aus, die Grundzüge der buddhistischen Lehre zu befolgen, nämlich an die Mönche zu spenden sowie ethisches Verhalten und Meditation zu praktizieren. Dabei kommt den Spenden weit mehr Bedeutung zu als den anderen beiden Tugenden. Nirgendwo im Tripitaka steht geschrieben, dass die Gaben an die Mönche wichtiger seien als Ethik und Meditation – aber in der Praxis bekommt man genau diesen Eindruck. Der Anthropologe Stanley Tambiah führte in den Siebzigerjahren Befragungen unter Thailändern durch, in denen er die Teilnehmer darum bat, religiöse Praktiken in einer Reihenfolge nach dem zu erwartenden Verdienst zu ordnen. Er fand heraus, dass ethisches Verhalten an letzter Stelle stand, weit hinter den Spenden zum Bau einer Pagode und den Gaben an die Mönche. Diese Erkenntnis deckt sich vollkommen mit meinen Erfahrungen im Bekanntenkreis in Kambodscha: Es werden große Mengen Geld an die Pagoden gespendet, fast sogar wöchentlich. Ich habe jedoch noch nie jemanden meditieren sehen oder gar eine Diskussion über buddhistische Ethik führen hören. Die Konsequenz dieser Praxis ist, dass Beamte und Politiker es als legitim ansehen, wenn sie durch Korruption großen Reichtum anhäufen – um sich dann durch großzügige Spenden an die Pagoden von ihrem schlechten Karma freizukaufen.

Bei einer kleinen Umfrage in meinem kambodschanischen Verwandten- und Bekanntenkreis habe ich festgestellt, dass die meisten die Begriffe *khamma* und *nipian* zwar kennen, aber wenig dazu sagen können. Ihr religiöser Alltag beschränkt sich auf *twö bonn*, Verdienst machen – ein Sammelbegriff für alle guten Taten. Der kambodschanische Alltag ist voll von kleinen *bonn*-Übertragungszeremonien. Wenn man zum Beispiel einer der alten Frauen, die oft an den Tankstellen in Phnom Penh betteln, Geld gibt, wird sie die Hände aneinanderlegen und einen kurzen Sermon sprechen. Derjenige, der den Verdienst empfängt, wird ebenfalls ein kurzes Gebet sprechen und *sathu, sathu* sagen, um den Segen anzunehmen.

Die Speisung der Mönche, von denen nun einmal der größte Verdienst zu bekommen ist, ist Bestandteil fast jedes religiösen Festes. Meistens laufen diese Feierlichkeiten ähnlich ab: Die Frauen des Dorfes stehen frühmorgens, meist noch im Dunkeln, auf, kaufen Fleisch und Gemüse auf dem Markt und kochen es gemeinsam in großen Woks, die über halbierten Stahlfässern brutzeln, die als Feuerstellen dienen. Dann ziehen sie ihren besten Rock und weiße, mit Spitze und Perlen bestickte Blusen an, wecken die Männer, putzen die Kinder heraus und gehen mit ihnen zur Pagode, wobei die ganze Familie Töpfe mit Essen, Früchten und Süßigkeiten trägt.

Im Tempel setzen sie sich im Meerjungfrauensitz auf den Boden, die Hände zum Gebet aneinandergelegt. Die älteren Menschen sitzen ganz vorn bei er Buddhastatue, die jüngeren hinten. An einer Seite der Halle sitzen die Mönche in einer Reihe, jeder im Lotussitz. Man überreicht ihnen Teller mit Essen, wobei jede Familie jeden Teller gemeinsam übergibt – im wahrsten Sinne des Wortes: Jeder berührt mit den Fingern den Rand des Tellers, was oft zu viel Gedränge führt. Ein *achar*, eine alter, weiser Mann der Gemeinde, rezitiert über ein Mikrofon einen meditativen Singsang in Pali, und der Rest der Gemeinde spricht ihm nach. Die Mönche sollen bei den Festen mit weltlichen Angelegenheiten nicht konfrontiert werden, sie sitzen in meditativer Ruhe in einer Reihe und rezitieren ebenfalls die Verse, wobei das altindische Pali für Buddhisten die gleiche Bedeutung hat wie das Latein für Katholiken. Nachdem die Mönche gegessen haben, essen auch die Laien zusammen.

Jedem, der in Asien lebt, wird die Schicksalsgläubigkeit der Asiaten aufgefallen sein – ihr vages Gefühl, dass es für das eigene Leben ein abgeschlossenes Drehbuch gibt, an dem sich nichts mehr ändern lässt. Man hat den Eindruck, dass die Zusammenhänge von Ursache und Wirkung in Asien anders gestrickt sind als in den westlichen Kulturen.

Für uns im Westen ist oft die Klaglosigkeit schockierend, mit der Menschen in Asien ihr Schicksal akzeptieren. In vielen ärmeren Familien zum Beispiel übernimmt die älteste Schwester die Rolle einer zweiten Mutter für ihre jüngeren Geschwister. Sie verzichtet auf eine Schulbildung und oft auch auf eine eigene Familie und geht arbeiten, um den jüngeren Geschwistern eine Ausbildung zu finanzieren. Wir empfinden das als ungerecht – aber für die älteste Schwester ist es eben nur ihr Schicksal, das sie zu tragen hat.

Wir Europäer sind regelmäßig entsetzt angesichts der Gefahren im asiatischen Straßenverkehr – und sind dann überrascht über die Gleichgültigkeit, mit der die Asiaten diesen Gefahren begegnen. Einen Helm aufsetzen? Den Gurt anlegen? Wozu? Der Gedanke, der hinter dieser Gleichgültigkeit steht, lautet: »Wenn das Schicksal für mich vorsieht, dass ich bei einem Unfall sterbe, dann kann mich auch ein Helm davor nicht schützen.« In kaum einem Wagen wird man einen

Erste-Hilfe-Kasten oder ein Warndreieck finden. Es steht allerdings mit großer Wahrscheinlichkeit ein Buddha auf dem Armaturenbrett, oder es hängt ein magisches Amulett am Rückspiegel.

Die Schicksalsgläubigkeit ist jene Eigenschaft der Asiaten, die für mich am schwierigsten zu akzeptieren ist. Es gibt in meinem Umfeld in Kambodscha so viele Menschen, die im Unglück leben und sich mit wohliger Lethargie dem Lauf der Dinge fügen. Und das macht mich wütend. Ein Beispiel: Die ältere Schwester meiner Frau arbeitet als Prostituierte und ist mit HIV infiziert. Sie hat alle Möglichkeiten bekommmen, der Prostitution zu entkommen. Touristen haben sie mit Geld unterstützt, Nichtregierungsorganisationen haben sie mit Essen und Medikamenten versorgt und ihr Umschulungen und eine Schulbildung angeboten. Sie hat alle Möglichkeiten verstreichen lassen. Sie sagt, dass sie *khojd* sei, schlecht, bereits kaputt, nicht mehr zu retten, mein Schicksal ist eben, eine Prostituierte zu sein, sagte sie. Ich will nicht kleinlich sein: Wenn sie gern für sich unglücklich sein möchte, dann darf sie das natürlich. Doch Menschen sind keine Inseln. Sie zieht ihren Sohn und ihre Geschwister mit in die Misere. Ich finde, sie hat die verdammte Pflicht, sich um ihr Leben zu kümmern. In meinen Augen macht sie es sich einfach – wenn sie sich tatenlos in ihr Schicksal fügt.

Wenn ich in Phnom Penh bettelnde Kinder an einer Ampel sehe, die zwischen grell lackierten Humvees und Porsche herumlaufen, dann wird mir schlecht. Meine buddhistischen Freunde, völlig frei vom christlichen Ideal der Gleichheit, sagen, das sei eben Karma.

Muss ich das tolerieren? Muss ich einsehen: Es handelt sich um eine fremde Kultur, ich verstehe das nicht, ich sollte mich nicht darüberstellen – ich müsste das alles ganz einfach tolerieren? Ganz ehrlich – ich mag das Wort Toleranz nicht. Es bedeutet, etwas zu ertragen, zu erdulden. Es ist nicht weit entfernt vom Wort »ignorieren«. Mich beschleicht oft der Verdacht, dass die Toleranz nur eine bequeme Ausrede ist, um der Auseinandersetzung mit Menschen aus anderen Kulturen aus dem Weg zu gehen. Denn Auseinandersetzung, das heißt ja: Stellung beziehen, reden, streiten, diskutieren, lernen. Das kann nur, wer weiß, was seine eigenen Werte sind. Und ich glaube, hier liegt das Problem: Vielleicht legen wir im Westen nur deshalb so viel Wert auf die sogenannte Toleranz, weil wir nicht wissen, was unsere eigenen Werte sind, was unsere Kultur ist, für was wir einstehen wollen: Facebook? Goethe? Selbstironie? Die Rentenversicherung? Lebensabschnittspartnerschaften?

Es ist nicht einfach, toleriert zu werden – es macht einen wahnsinnig, wenn man in einem fremden Land lebt, in dem jeder so tut, als sei man gar nicht anders. Ich weiß das, denn ich werde in Kambodscha ständig toleriert. Es dauerte aber eine Weile, bis ich diesen Zusammenhang verstanden hatte. In jener Offenheit, mit der Sreykeos buddhistische Gemeinde mich an den Ritualen teilhaben ließ, sah ich zuerst eine alles umfassende Menschenliebe. Doch mit der Zeit stellte ich fest, dass meine Andersartigkeit schlicht ignoriert wurde. Übersehen konnte sie ja niemand: Ich bin weiß und groß, die Kambodschaner braun und klein. Wenn sie über mich reden, fragen sie meine Frau: »Was isst er denn?«, als sei ich ein exotisches Haustier. Sie reden in der dritten Person über mich, während ich anwesend bin – genauso wie die Deutschen in der dritten Person über Sreykeo sprechen, wenn wir in meinem Heimatland sind. Doch über meine Andersartigkeit reden sie nur untereinander – niemand redet mit mir persönlich darüber. Wahrscheinlich, weil sie meine Gefühle nicht verletzen wollen.

Irgendwann kränkte mich das und ich beschloss, von nun an zu sagen: »Ich bin anders als ihr. Sorry. Ihr müsst jetzt damit klarkommen. Ich erkläre es euch aber gerne.«

Es war auf der Beerdigung eines Menschen, den ich und meine Frau sehr geliebt hatten. Auf unserem Grundstück auf dem Land führten wir ein Begräbnisritual durch. Wir kauften Holz für einen Sarg, den wir selbst zusammenzimmerten, und verbrannten den Toten auf einem Scheiterhaufen in unserem Garten.

Nachdem der Haufen abgebrannt war, sammelten wir die Knochenreste und legten sie in eine Urne. Den Rest der Asche schmissen wir in einen kleinen Fluss, der hinter dem Haus entlangfließt. Ich fühlte mich schlecht. Ich hatte die Asche des Toten in den Haaren und unter meinen Fingernägeln. Ich litt. Es war gut so. Ich wollte einfach Abschied nehmen. Nach der Einäscherung kamen die Mönche in unser Haus. Ich wusste, was jetzt kommen würde. Das übliche Rezitieren der *sutta*, danach eine Glücksdusche, um uns und unser Haus vom Unglück reinzuwaschen, als sei es eine ansteckende Krankheit, von der wir und das Gebäude dringend desinfiziert werden müssten.

Ich wollte eigentlich allein sein, machte dann aber doch mit, um durch meine Weigerung niemanden zu provozieren. Wir knieten mit einigen Nachbarn im Meerjungfrauensitz vor den Mönchen, und ich plapperte unmotiviert die *sutta* nach. Eine alte Frau hinter mir drückte meinen Kopf unsanft auf den Boden, weil sie offensichtlich der Ansicht war, dass ich mich nicht tief genug vor den Mönchen verneigte. In diesem Moment fühlte ich eine unglaubliche Wut in mir.

Es war das erste Mal, dass ich mich in der Fremde wirklich allein und unverstanden fühlte. Paradoxerweise befremdete mich die Tatsache, dass jeder meine Andersartigkeit nicht betonte, sondern im Gegenteil zu ignorieren schien. Ich hatte plötzlich das Gefühl, nicht einmal mehr auf meine Art trauern zu dürfen. Und es gab niemanden, der mein Problem verstand, denn niemand wusste, was meine Art zu trauern war. Noch nicht mal mit dem Menschen, der mir am nächsten stand, meiner Frau, konnte ich darüber sprechen. Denn woher sollte sie wissen, was meine Art zu trauern war? Ich hatte es ihr nie gesagt oder gezeigt.

Ich setzte mich an den Fluss und weinte. Dann betete ich. Ein bisschen fühlte ich mich dabei, als würde ich meine Eltern anrufen und sie um Geld bitten. Die hätten dann gut gelaunt gesagt: »Ach ja, der Herr Sohnemann, ruft uns nur an, wenn er in der Patsche sitzt.« Und ich hätte geantwortet: »Stimmt genau, aber dafür sind Eltern ja auch da!« Für was sind Väter da, wenn nicht, um einem in den schwersten Stunden beizustehen?

Meine Frau setzte sich neben mich. Sie schwieg. »Ich bin anders als ihr, warum gibt es denn keiner zu?«, fragte ich. Ich sagte ihr, dass ich nicht an Karma glaubte und dass ich nicht mehr an buddhistischen Ritualen teilnehmen würde. Sie schien sogar ein bisschen erleichtert.

Danach passierte – nichts weiter. Wir sind immer noch verheiratet, immer noch glücklich, es gab keinen Krieg der Kulturen, sie ist immer noch Buddhistin und ich immer noch Möchtegern-Atheist. Bei den vielen buddhistischen Ritualen bin ich zwar noch dabei, erkläre aber allen freundlich, dass ich mich nicht vor den Mönchen verneigen möchte, da ich kein Buddhist sei.

Ich versuche niemanden zu beleidigen. Überraschenderweise war noch nie jemand erbost darüber, selbst die Mönche scheinen es als völlig verständlich anzusehen, dass jemand, der einer anderen Religion angehört, nicht an ihren Ritualen teilnehmen möchte.

Ich habe ihr vorgeschlagen, dass ich ihr abends vor dem Einschlafen ein bisschen aus der Bibel vorlese. Sie fand die Idee großartig. Ich mache das nicht, um sie zu missionieren – wie sollte ich das auch? Ich weiß ja selbst nicht, wie ich zum Christentum stehen soll. Ich will einfach nur, dass sie weiß, mit welchen Geschichten und Mythen ich aufgewachsen bin. Ich frage mich oft, warum wir das nicht schon viel früher gemacht haben. Wenn man einen Menschen aus einer anderen Kultur heiratet, liegt es doch recht nahe, dass man sich an einen Tisch setzt und die eigene Kultur einfach mal erklärt.

Ich habe meiner Frau auch gesagt, dass sie ihre Krankheit nicht verdient. Dass ich die Idee für großen Blödsinn halte und dass ich nur ein Leben habe und dieses Leben verdammt noch mal nutzen möchte und deshalb keine Zeit für Selbstzerfleischung verschwenden kann. Und wissen Sie was? Sie liebt mich dafür, dass ich anders bin.

Der König des Asphalts

An diesem Morgen, der wahrscheinlich mein letzter sein wird, verabschiede ich mich von Sreykeo. Ich gebe ihr einen letzten Kuss auf die Stirn und sage ihr die Geheimnummer meiner EC-Karten und wo sie im Falle meines Ablebens alle wichtigen Dokumente finden wird. Doch sie verdreht nur genervt die Augen. Ich drücke ein letztes Mal meine Kinder, die leider kein bisschen Feierlichkeit an den Tag legen, setze mir den Helm auf und stecke den Schlüssel in unseren weinroten Motorroller »Honda Dream«. Es gibt keinen Ausweg. Mehrere Jahre habe ich mich geweigert, auf Asiens Straßen einen Motorroller zu fahren. Ich sage es mit der entsprechenden Röte im Gesicht: Ich habe mich schamlos und bar jeder Männlichkeit von meiner Frau chauffieren lassen. Doch nun ist der erste Schultag unserer Tochter gekommen, und es gibt keine Ausrede mehr für mich. Jemand muss sie jeden Morgen zur Schule fahren. Das heißt, ich muss von nun an lernen, mich im asiatischen Straßenverkehr zurechtzufinden.

Zwischen den Großstädten der Welt gibt es ja so etwas wie einen ungeschriebenen Wettbewerb, welche Stadt das größte Verkehrschaos und die wenigsten Parkplätze hat. Denn wie jeder weiß, ist eine Stadt ohne ewige Staus und epische Parkplatzsuchen als Metropole nicht ernst zu nehmen. Wenn man dieser Logik folgt, müsste Phnom Penh die Hauptstadt der Welt sein.

Der Verkehr in Phnom Penh, das sind rostige Müllwagen, die schon von Weitem nach käsigen Füßen und verfaultem Obst riechen. Das sind die Bratnudel-Verkäufer, die zweirädrige Karren schieben, aus denen Holzkohlenqualm quillt. Das sind die Fahrer der Cyclos, mit ihren sehnigen Beinen, die ihre dreirädrigen Fahrradrikschas träge über die Straßen bewegen. Das sind mit Reissäcken überladene Lastwagen, die auf ihrem Weg zu den Märkten sind. Das sind auch die Statussymbole des neuen Mittelstands: SUVs der Toyota-Marke Lexus, mit Klimaanlage und getönten Scheiben. Und auch die Symbole obszönen Reichtums: Porsche in Goldmetallicanstrich und kanarienvogelgelbe Humvees mit weißen Ledersitzen. Aber der Verkehr, das sind vor allem unzählige Motorroller, manche mit ganzen Familien darauf, andere mit einem festgebundenen lebenden Schwein auf dem Sozius, wieder andere mit aufgetakelten Tussis, die ihr Fahrzeug farblich passend zur Hello-Kitty-Handtasche ausgewählt haben. Alle hupend, gestikulierend, nebenbei auf dem Handy telefonierend, ohne erkennbares System durcheinanderfahrend.

Ein paar Minuten stehe ich auf dem Roller sitzend in der Sonne vor unserem Haus, während die Nachbarn mich ratlos beobachten. Ich stelle mir meine letzten Sekunden vor, wenn ich das Unabwendbare auf mich zukommen sehe – einen Motorroller mit drei betrunkenen Jugendlichen darauf. Oder einen Lastwagen, dessen Fahrer mich übersehen hat. Dann stelle ich mir das trockene Scheppern vor, wenn mein Roller auf den Asphalt aufschlägt, und den dumpfen Schlag, wenn mein Kopf ihm folgt. Ich habe die Hand am Gasgriff, aber ich zögere.

Ich war nicht immer so ein Feigling. Damals, als ich das erste Mal nach Kambodscha kam, war ich noch mutig und entschlossen: Ich mietete mir irgendwo einen Daelim-Motorroller für drei Dollar pro Tag, ließ mir kurz erklären, wo ich die Bremse finden würde, und stürzte mich in den Verkehr. Ich rutschte über schlammige Dschungelpisten, schlängelte mich auf löchrigen Nationalstraßen zwischen den Lastwagen hindurch, schlich über die Trampelpfade auf den kleinen Dämmen der Reisfelder und wartete zwischen Luxuskarossen in den Staus auf den Boulevards in Phnom Penh. Hin und wieder hielt ich an, um ein Teil aufzusammeln, das von dem Roller abgefallen war, und ließ es in einer der kleinen Werkstätten – kleine von Öl und Dreck schwarz gefärbte Hütten an den Straßenrändern – wieder anschweißen. Das Brandmal, das die Daelim jedem Neuankömmling in Asien verpasst, eine eiförmige Auspuffsverbrennung am rechten Unterschenkel, trug ich mit Stolz. Ein Helm? Wozu? Niemand trug 2003 in Kambodscha einen Helm. Die Westler sagten, Helme seien etwas für Warmduscher, die Kambodschaner sagten, man bekomme vom Helmfahren Haarausfall. Außerdem – was sollte mir passieren? Ich hatte doch Urlaub.

Es gibt Leute, die sagen, dass Mut nur ein anderes Wort für Dummheit ist.

Es dauerte eine Weile, bis ich verstanden hatte, wie dumm ich tatsächlich war. Die Erkenntnis erfolgte nicht von einem Tag auf den anderen, sondern kam sehr langsam, Schritt für Schritt. Einmal sah ich am Straßenrand eine Menschenmenge, in ihrer Mitte lag ein Motorroller auf der Seite, im Gras neben der Fahrbahn war eine Decke ausgebreitet, unter der zwei bleiche Füße hervorragten. Dann fielen mir die unzähligen Artikel in der »Phnom Penh Post« auf: Ein überladener Minivan kommt von der Straße ab – neunzehn Tote. Ein Betrunkener rast in einen Motorroller mit einer Familie darauf – vier Tote. Auf diese Nachrichten reagierte ich mit dem typischen Negationsverhalten: »So etwas passiert nur den anderen, nicht mir.« Doch dann kam der Tag, an dem es mir doch selbst passierte. Ich nahm eine Kurve etwas zu schwungvoll, Sand lag auf der

Straße. Auf einmal merkte ich in der Magengegend, dass das Hinterrad wegsackte und ich keine Kontrolle mehr über den Roller hatte. Ich sah, was auf mich zukam, und dachte mir nur: »Sch …, bitte nicht das!« Millisekunden später lag ich auf der Straße. Es waren nicht die Schürfwunden oder die Schmerzen, die meine Einstellung auf einen Schlag änderten. Sondern der Anblick eines staubigen Lastwagenreifens, der nur wenige Handbreit an meinem Kopf vorbeidonnerte. Er machte mir klar, dass das Schicksal gelockte Backpacker aus Deutschland in keiner Weise rücksichtsvoller behandelt als kambodschanische Familien.

Von nun an hatte ich Angst. Jeden Tag. Wenn ich die Straße überquerte, wenn ich einkaufen ging. Vor diesem einen Moment, in den man auf sich zukommen sieht, was nicht mehr zu verhindern ist und sich denkt: »Sch …, bitte nicht das!« Vielleicht halten Sie mich jetzt für ein weinerliches Weichei? Na gut, hier ein paar Zahlen: 2009 starben auf kambodschanischen Straßen 1717 Menschen, siebzig Prozent davon waren Motorrollerfahrer. Jeden Tag verloren also vier bis fünf Menschen durch Verkehrsunfälle ihr Leben. Damit kommen auf 100 000 Einwohner über zwölf Verkehrstote pro Jahr, eine der höchsten Raten im asiatischen Raum. Zum Vergleich: In den meisten westlichen Ländern kommen ein bis zwei Verkehrstote auf 100 000 Einwohner. In den Jahren 2004 bis 2009 stieg die Zahl der Verkehrstoten um 217 Prozent an. Falls Sie das nicht beeindruckt, ein paar andere Todesarten, um die Verhältnismäßigkeiten zu zeigen: Nach Schätzungen des Nationalen Zentrums für HIV, Haut- und Geschlechtskrankheiten starben 2009 1210 Menschen an Krankheiten im Zusammenhang mit Aids. Das Gesundheitsministerium gab an, im gleichen Jahr seien 279 Menschen an Malaria gestorben. 2008 starben 269 Menschen bei Unfällen mit Minen und unexplodierter Munition aus dem Bürgerkrieg. Da die Zahl der Aids-Toten und Minenopfer kontinuierlich zurückgeht, die Zahl der Verkehrstoten aber jedes Jahr steigt, kann man davon ausgehen, dass die Verkehrsunfälle schon in diesem Jahr mehr Tote verursachen, als Aids, Minen und Malaria zusammen.

Ich treffe immer wieder Touristen, die brav ihre Malariaprophylaxe einnehmen und die Eiswürfel aus ihrer Cola fischen, weil sie glauben, sie würden Hepatitis davon bekommen – dann aber ohne Helm und ohne Sorgen auf ihren gemieteten Motorroller steigen. Vielleicht sollten die mal ihre Prioritäten überdenken.

Bei mir verwandelte sich die Sorglosigkeit in Paranoia. Ich beschloss, nie wieder das Steuer eines Motorrollers zu berühren. Allerdings hatte ich keine Wahl – Motorroller sind in Phnom Penh die einzige Art, um von A nach B zu kommen. Denn hier gibt es kein öffentliches Verkehrsmittel. Man sieht zwar Bushaltestellen an den Straßenrändern, doch die stehen verwaist und unbenutzt da wie Zeugen einer untergegangenen Zivilisation. Sie stammen vom gescheiterten Versuch, einen Busverkehr einzuführen. In einer Stadt, in der es Zehntausende Cyclo- und Motodup-Fahrer gibt, die einen für das gleiche Geld direkt vor die gewünschte Haustür bringen, hatte die Idee natürlich keine Chance.

Ich selbst nahm von nun an ein Tuk-Tuk. Oder ich ließ mich von Sreykeo auf dem Motorroller durch die Gegend fahren. Das machte die Sache zwar nicht ungefährlicher, gab mit aber ein Ventil für meine Ängste. Ich konnte hinter ihr auf dem Sozius sitzen, eine Hand in den Bügel des Rücksitzes gekrallt, die andere in ihre Schulter, und in einem konstanten Fluss mit wehleidig-empörter Stimme ihren Fahrstil kommentieren: »Achtung, der will abbiegen! Nicht überholen…. Lastwagen von rechts… musst du so schnell fahren?….Schulterblick nicht vergessen!….Abstand halten!… Ahhhhhhhh….« Ich weiß, ich bin erbärmlich.

Und heute ist nun der Tag, an dem ich entweder meine Angst überwinden oder untergehen werde. Nach einigen Minuten drehe ich am Gasgriff, und die Nachbarn treten respektvoll zur Seite. Der Roller ruckelt im Schritttempo die

Gasse entlang. Mein Puls ist unangemessen hoch für das langsame Tempo. Ich habe beschlossen mich langsam heranzuarbeiten: Ich werde jeden Tag einmal um den Block fahren, bis ich nicht mehr mit klopfendem Herzen, zitternden Knien und nassem Hemd zurückkehre.

Am ersten Tag fahre ich ruckelnd im ersten Gang um den Block, wobei ich darauf achte, dass ich immer nur rechts abbiegen muss. Als ich wieder an unserem Haus ankomme, stelle ich überrascht fest, dass ich überlebt habe. Ich baue jeden Tag ein größeres Hindernis ein: Einmal durch das Chaos vor dem Markt, ein kurzes Stück auf einer Hauptverkehrsstraße, das erste Mal links abbiegen. Nach eineinhalb Wochen bin ich so selbstbewusst, dass ich übermütig werde: Ich beschließe, einfach mal so, zu einem Buchladen in der Mitte der Stadt zu fahren. Das Unheil beginnt am Bordstein vor dem Buchladen. Aufgrund der regelmäßigen Überschwemmungen in der Monsunzeit sind die Bordsteine in Asien hoch – der Motor schafft es nicht und geht aus. Ergebnis: ein Stau hinter mir, wütende Blicke, während ich nervös auf der Schaltung herumtrete. Mein Selbstbewusstsein ist dahin. Den Weg zurück fahre ich wieder mit nassen Händen auf kleinen Seitenstraßen.

Dann passiert es: Ich muss eine große Straße überqueren.

Keine leichte Übung. Auf eine Lücke im Verkehr zu hoffen, ist völlig aussichtslos. Stattdessen muss man warten, bis sich neben einem genug andere Motorroller angesammelt haben. Denn zum Überqueren einer großen Straße aus einer Seitenstraße heraus ist eine gewisse kritische Masse notwendig. Es müssen sich genug andere Fahrer zusammenfinden und sich gemeinsam in den Verkehr der Hauptstraße wagen, um ihn kurz anhalten zu können. Doch an diesem Abend warte und warte ich, niemand möchte mit mir über die Straße, und es beginnt bereits, dunkel zu werden. In einer Kurzschlusshandlung stürze ich mich in den Verkehr, ein SUV schneidet mich, ich weiche hektisch aus, lande für einen Moment mitten im Gegenverkehr und blicke entsetzt in die Scheinwerfer eines auf mich zurasenden Lastwagens. Am nächsten Tag fahre ich wieder im ersten Gang um den Block.

Nach zwei Wochen kann ich mich einigermaßen angstfrei mit dem Motorroller durch Phnom Penh bewegen. Und ich beginne, mehr über die unausgesprochenen Verkehrsregeln Asiens zu lernen. Eine Annahme der Chaostheorie besagt, dass sich in der Abwesenheit aller Gesetzmäßigkeiten unweigerlich neue Gesetzmäßigkeiten herausbilden. So ist es auch im asiatischen Straßenverkehr: Da sich hier niemand an die Verkehrsregeln hält, bilden sich neue, ungeschriebene Regeln. Nehmen wir das Linksabbiegen als Beispiel. So haben wir es in der Fahrschule gelernt: Spiegel, Blinker, am rechten Rand der Spur einordnen, dann in der Mitte der Kreuzung auf eine Lücke im Gegenverkehr warten und in einem möglichst weiten Bogen abbiegen. Ganz wichtig: »Schul-dääää-bligg! Schuldäbligg net vergesse!«, wie mein hessischer Fahrlehrer immer sagte. Doch alles, was man von deutschen Fahrlehrern gelernt hat, kann hier zur tödlichen Falle werden.

Der Blick in den Spiegel lässt einen ratlos zurück: Man sieht immer eine Wand aus Motoscheinwerfern und Gesichtern mit Operationssaal-Mundschutz. Der Blinker wird schlicht ignoriert, er ist völlig bedeutungslos, jeder Zweite fährt hier ständig mit eingeschaltetem Blinker. Schulterblick? Der macht nur dann Sinn, wenn man davon ausgehen kann, dass in dem kurzen Moment, in dem man den Kopf herumwirft, einem nicht plötzlich jemand auf der eigenen Spur entgegenkommt – was hier eigentlich der Normalfall ist. Und wenn Sie dann in der Mitte der Kreuzung stehen und auf eine Lücke warten – viel Glück. Sie wird nicht kommen. Stattdessen werden Sie den Verkehr auf der gesamten Kreuzung blockieren.

So geht es nach den kambodschanischen Verkehrsregeln: Mogeln Sie sich lange vor der Kreuzung zur Mitte der Straße. Wenn die Gelegenheit günstig ist, fahren Sie wild hupend in den Gegenverkehr, bis auf die linke Straßenseite. Arbeiten Sie sich im Gegenverkehr und am Rande der Straße bis zur

Kreuzung vor, natürlich immer wild hupend. Dann mogeln Sie sich im Rinnstein links um die Ecke. Nachdem Sie erfolgreich links abgebogen sind, müssen Sie jetzt durch den Gegenverkehr wieder auf die rechte Seite der Straße zurückkehren. Voilà!

Es gibt auch ungeschriebene Vorfahrtsregeln. Natürlich gilt hier nicht »rechts vor links«. Stattdessen gibt es ein hierarchisches System aus Vorfahrtsregeln.

Ganz unten in der Hierarchie stehen Fußgänger und Fahrradfahrer. Sie haben für ihr Überleben selbst Sorge zu tragen – für sie bremst niemand. Im Falle ihres Ablebens sind sie grundsätzlich selbst dafür verantwortlich. Darüber kommen die Motorrollerfahrer, die immerhin schon so etwas wie Rechte haben. Wieder darüber kommen all jene, die ein Auto fahren, weil sie Geld damit verdienen müssen: Taxi- und Lastwagenfahrer. Und darüber all jene, die ein Auto fahren, weil sie es sich leisten können. Im Zweifelsfall entscheidet das Kennzeichen. In Kambodscha gibt es einige Sonderkennzeichen, die einem im Verkehr besondere Vorfahrtsrechte verschaffen – Fahrzeuge der Vereinten Nationen haben zum Beispiel blaue Kennzeichen. Das rot-blaue Kennzeichen der Armee, das bevorzugt an klimatisierten SUVs und Sportwagen zu sehen ist, sticht alle anderen. Vorsichtig muss man bei jungen und hübschen Frauen sein, die protzige Geländewagen fahren, die sie sich unmöglich selbst gekauft haben können – sie sind vielleicht Geliebte von Parteibonzen der Regierungspartei CPP.

Aber am allerwichtigsten ist der richtige Bewusstseinszustand. Kennen Sie das Computerspiel »Asteroids« aus den Achtzigerjahren? Dabei muss man ein kleines Raumschiff durch einen Asteroidenschwarm lenken, wobei die einzelnen Gesteinsbrocken aus allen Richtungen herangerast kommen. Um zu überleben, muss man die Richtung und Geschwindigkeit jedes einzelnen Brockens sowie die Trägheit des eigenen Raumschiffs richtig einschätzen ... sonst: bum. Wenn man verkrampft auf den kleinen Raumgleiter starrt, ist das Unglück unabwendbar. Man muss sich zurücklehnen, durch den Computermonitor hindurchblicken, sich entspannen und das große Ganze erkennen – die Choreografie der Asteroiden bewundern und mit ihnen tanzen.

Wenn ich mich heute durch den Verkehr schlängele, beruhige ich mich mit dem Gedanken, dass alles im Grunde genommen nur ein großes Asteroids-Spiel ist. Und der Einsatz ist … nun ja, mein Leben. Wenn ich Moto fahre, versinke ich in einer Art meditativem Zustand. Ich starre einfach glasig geradeaus, blicke weder nach links noch nach rechts – bin aber in Wirklichkeit konzentriert wie ein Kampfpilot.

Manche sagen, es gäbe in Kambodscha keine Verkehrsregeln, die von der Polizei durchgesetzt würden. Aber das ist eine grobe Vereinfachung der Umstände. Eine der wenigen Vorschriften, die von der Polizei kompromisslos forciert werden, ist zum Beispiel das Verbot, am Tag mit eingeschaltetem Licht zu fahren. Sie haben richtig gelesen. Es ist völlig in Ordnung, überhaupt keine Scheinwerfer am Fahrzeug zu haben. Wo es in manchen westlichen Ländern sogar eine Vorschrift gibt, am Tage mit aufgedrehten Scheinwerfern zu fahren – handelt es sich dabei in Kambodscha um eine Ordnungswidrigkeit. Denn das Privileg, mit leuchtenden Lichtern zu fahren, ist Regierungsfahrzeugen vorbehalten. Das Gesetz wird wahrscheinlich deshalb nicht abgeschafft, weil es eine der Haupteinnahmequellen der Verkehrspolizei ist. Ich auf jeden Fall werde regelmäßig deshalb angehalten. Wenn die Polizei ausnahmsweise einmal das Gesetz auf ihrer Seite hat, ist es immer am besten, sich möglichst dumm zu stellen. Dazu habe ich ein natürliches Talent.

»Lights on!«, sagt der Polizist, deutet lässig auf den Scheinwerfer meines Rollers und hält die Hand auf. Diese zwei englischen Worte hören sich, etwas undeutlich ausgesprochen an wie »License«, das englische Wort für Führerschein.

»Yes, yes!«, sage ich und lächele dümmlich und unterwürfig. »Li-Cense! Here, my license!«, ich halte ihm meinen Führerschein hin.

»No, no!«, sagt er. »Lights on!«

Doch ich bleibe standhaft begriffsstutzig: »Yes, Yes!«, wiederhole ich und deute auf den Führerschein.

Jetzt haut er mit der flachen Hand auf den Scheinwerfer: »NOOOOOOO! LIGHTS ON!«

Doch ich kenne keine Gnade: Nachdem ich ihm meinen Führerschein, Fahrzeugpapiere, einen Journalistenausweis und einen deutschen Jugendherbergsausweis hingehalten habe, schaltet er entnervt meinen Scheinwerfer aus und lässt mich weiterfahren. Ha!

Langsam gewöhne ich mich an den Verkehr. Offen gesagt – das Verkehrschaos bereitet mir sogar eine gewisse krankhafte Befriedigung: Jedes Mal, wenn ich lebend wieder nach Hause zurückkehre, schiebe ich mit von Stolz geschwellter Brust den Motorroller ins Haus, als wäre ich gerade aus dem Dschungel von einer erfolgreichen Tigerjagd zurückgekehrt. Von Tag zu Tag bereitet mir das Motorrollerfahren mehr Spaß. Zumal ich einen unschlagbaren Vorteil gegenüber den anderen Verkehrsteilnehmern habe: Kambodschaner fahren grundsätzlich im dritten Gang an. Ich weiß nicht, woran es liegt. Vielleicht denken sie, dass zu viel Herumgeschalte das Getriebe zerstört. Und deshalb ist es ziemlich einfach, ihnen an der Ampel davonzufahren. Dann liegen selbst im überfüllten Phnom Penh für dreißig Sekunden die vier Spuren des Mao-Tse-Tung-Boulevards vor mir, nur für mich, einsam und verlassen wie eine Salzwüste.

Entscheidend ist natürlich ein guter Start. Ich in der Poleposition. Neben mir einige Jugendliche auf getunten Honda Airblades, die sich betont lässig geben. Wir tun, als würden wir hier keine Wettrennen fahren, als ginge es nicht um die Ehre, als wäre es akzeptabel, nur der Zweite zu sein. Doch unsere Blicke sind starr auf die Ampel geheftet. Da sich Asiaten schnell langweilen, hat jede Ampel eine Countdown-

ähnliche Digitalanzeige, welche die Sekunden bis zum Farb-
wechsel anzeigt.

3 … 2 … 1 … Ich reiße am Gasgriff: Brrrooooooaaaaaaaat!
Tschack! Zweiter Gang: Brrröööööööööööaaat! Tschack! Dritter
Gang: Brüüüüüüaaaat! Tschack! Vierter Gang: Mööööööööhh!
Im Rückspiegel schrumpfen die Gesichter der anderen Ver-
kehrsteilnehmern, ihre Masse verschwindet, träge wie eine
Lawine, die erst Geschwindigkeit aufnehmen muss.

Ich liebe es.

Nennt mich den König des Asphalts.

Das Lotto und die Geisterwelt

Letztens rief mich Sreykeo auf dem Handy an. Ich erkannte schon an ihrer Stimme, dass sie mal wieder im Lotto gewonnen hatte. Wenn sie aufgeregt ist, spricht sie immer ein freudiges Gemisch aus Khmer, Deutsch und Englisch: »Bong oy! Bong oy! Weißt du waaaaas? I win again! I win number!« Solche Anrufe lassen mich immer verwundert zurück: Wirklich jedes Mal, wenn sie Lotto spielt, gewinnt sie auch etwas. Sreykeo selbst überrascht das natürlich gar nicht. Meine Frau hat nämlich beste Beziehungen – zur kambodschanischen Geisterwelt.

Aber lassen Sie mich zuerst die Geschichte von ihrem letzten Lottogewinn erzählen, bevor ich zu den Geistern komme. Das war so: Lukas hatte eine eiternde Infektion in der Pofalte. Deshalb gingen wir mit ihm ins Krankenhaus. Da fällt mir ein: Zuerst muss ich Ihnen erklären, wie ein kambodschanisches Krankenhaus funktioniert. Das müssen Sie wissen, um zu verstehen, wie der Krankenhausgeist meiner Frau die Lottozahlen verraten konnte. Ach, jetzt wird es wieder kompliziert! Ich habe ein Problem, wenn ich Menschen in der Heimat von Indochina berichte: Deutsche assoziieren mit den alltäglichsten Begriffen – Lotto, Krankenhaus, Regierung, Liebe – ganz andere Dinge als ich. Wenn ich »Lotto« sage, werden Sie vermutlich an Tischtennisbälle denken, die in einem Glasball herumgeblasen werden. Und wenn ich »Krankenhaus« sage, denken Sie an Schwestern, die auf einem grauen Plastiktablett morgens Graubrot mit Mortadella und Früchtetee ins Zimmer tragen. Und wenn ich das Wort »Geist« benutze, denken Sie sicherlich an Hui Buh, das Schlossgespenst. Aber in Kambodscha ist alles ganz anders. Das Gespenst zum Beispiel ähnelt eher einer asiatischen Schönheitskönigin als einem heulenden Bettlaken.

Langsam. Der Reihe nach. Wenn unsere Kinder krank sind, bringen wir sie ins Hôpital Kantha Bopha in Phnom Penh. Das wird von einer Schweizer Stiftung betrieben. Gefüttert, gewaschen und getröstet werden die Patienten nicht vom Personal, sondern von ihren Verwandten. Das heißt, tags essen wir und nachts schlafen wir auf den Fliesen unter dem Krankenbett unseres Kindes. Unter den Betten von Patienten, die lange Zeit auf einer Station bleiben müssen, sieht es daher oft so gemütlich aus wie in einem Wohnzimmer: Matten, geblümte Kissen, Thermoskannen und Kuscheltiere. Und es kommt vor, dass wir eine enge Bindung zu den anwesenden Geistern entwickeln. Zumindest meine Frau.

Aber ich will nicht vorausgreifen. Zuerst zum Lottogewinn: Eines Abends, während sie mit unserem Sohn im Krankenhaus war, ging meine Frau duschen. Da es in südostasiatischen Duschkabinen aus mir noch unerklärlichen Gründen niemals, niemals, niemals einen Haken gibt, über den man seine Kleider hängen könnte, drapierte sie ihr Nachthemd über dem Türknauf. Von dort fiel es sofort auf den nassen Boden und saugte sich mit Wasser voll. Als meine Frau ihr Nachthemd auf den Fließen sah, erblickte sie in den Falten und Wasserflecken eine Zahl – und wusste sofort, was zu tun war.

Gleich kommen wir zu der Krankenhausgeisterfrau. Zuerst muss ich aber noch von der kambodschanischen Lottofee erzählen. Als ich meine Frau und unseren Sohn vom Krankenhaus abholte, sah ich Sreykeo schon von Weitem auf der Straße hin und her hüpfen wie einen Gummiball. Über ihrem Kopf schwenkte sie ihr Los – ein einfaches Stück blaues Löschpapier, auf das mit Kuli eine Zahl geschrieben war. Sie setzte sich sofort an das Steuer des Motorrollers und verkündete, sie müsse jetzt unseren Gewinn abholen, umgerechnet etwa achtzig Dollar. Ich wusste, dass die Lottozahlen im Radio verkündet werden. Ich hatte oft ihren Vater beobachtet, wie er Tage und Nächte mit dem Ohr an einem kleinen tragbaren Transistorradio verbrachte und alle gezogenen Zahlen in ein Schulheft schrieb und sie dann in endlosen Zahlenkolonnen variierte, um darin irgendwelche Regelmäßigkeiten zu erkennen. Ich war allerdings etwas überrascht, als meine Frau nicht das Gebäude eines Radiosenders, sondern eine ärmliche Seitenstraße Phnom Penhs ansteuerte. Mit Wellblech gedeckte Holzhäuser, Schlaglöcher, Kinder, die Gummitwist und »Himmel und Hölle« spielten (übrigens kein interkulturelles Sprachmissverständnis – sie spielen nach den gleichen Regeln wie die Kinder in Deutschland). Über der Straße spannte sich ein rätselhaftes Gewirr aus Telefondrähten und Stromleitung, das aussah, als hätte es eine konfuse Spinne gewebt. Sie lief eine rostige Eisentreppe hoch, und dort saß die Lottofee in ihrem Wohnzimmer. Sie können sich ja denken, dass ich nicht gerade von Raufasertapete und Einbauschränken rede, wenn ich »Wohnzimmer« sage, und dass ich nicht an geföhnte Frisuren und Lipgloss denke, wenn ich von der »Lottofee« spreche. Die Fee war ein chinesisches Weib mit gelben Zähnen und einem faltigen Gesicht, das im Schneidersitz auf dem Boden saß, im Schoß ihres Rockes ein mit Gummibändern umspanntes Geldbündel. Sie warf einen misstrauischen Blick auf das Los und fing dann an, mit nikotingelben Fingern auf einem riesigen kaufmännischen Taschenrechner herumzutippen. Schließlich gab sie meiner Frau ein sorgfältig abgezähltes Bündel. Ich blickte mich in ihrer dunklen Hütte um und fragte mich, ob sie in einem Hinterzimmer eine riesige Glaskugel mit nummerierten Tischtennisbällen stehen hatte? Und ob all die glücklichen Gewinner aus den Provinzen des Landes wohl mit einem Stück bekritzelten Löschpapier in der Hand ihren Weg durch die kleine Gasse und die Eisentreppe hinauf antraten, um dort ihr Geldbündel in die Hand gedrückt zu bekommen?

Doch meine Frau klärte mich auf: Offiziell gibt es keine Lotterie in Kambodscha. Da Glücksspiel gegen die Gebote Buddhas verstößt, ist es verboten. Die Ziehung der Lottozahlen findet im säkularen Vietnam statt und wird jeden Tag um 16.30 Uhr im Radio übertragen. Da die Kambodschaner allerdings vom Lotto besessen sind, gibt es ein Untergrund-Lotto-Netzwerk, das Lose und Gewinne verteilt. Und deren Verkaufsstellen befinden sich, wie es sich für eine illegale Vereinigung gehört, in den Seitengassen.

Jetzt kommen wir zum Krankenhausgeist – nun aber wirklich. Als wir von der Lottofee zurückkehrten, sagte meine Frau:

»Ich will dem Kantha Bopha etwas zurückgeben!«

Ich fand, dass sei eine prima Idee. Die Schweizer Stiftung konnte immer Geld gebrauchen, und schließlich ließen wir unsere Kinder dort kostenlos behandeln – da war es nur fair, wenn wir dem Krankenhaus etwas von unserem Gewinn abgaben.

Nein, sagte meine Frau, sie dachte eher an ein Huhn.

»Ein Huhn? Was soll das Krankenhaus mit einem Huhn anfangen?«, fragte ich.

»Ein *gebratenes* Huhn!«, sagte sie, als würde das alles erklären.

»Ich glaube, das Krankenhaus wäre über eine Geldspende glücklicher.«

»Das Huhn ist für die *tevada* des Krankenhauses! Eine Göttin! Was will die mit Geld?«

Erst jetzt verstand ich: Das war wieder eine Geistersache.

Die *tevada* sind spirituelle Wesen, die immer weiblich, jung und schön sind und alle möglichen Dinge beseelen können – zum Beispiel Häuser. Und einen guten Broiler verachten sie nie. Solche Diskussionen führe ich mit meiner Frau ziemlich oft.

Sreykeo stieg vom Motorroller und verschwand in einem Markt (der natürlich nichts mit einem deutschen Wochenmarkt gemein hat). Als sie zurückkehrte, hielt sie eine Plastiktüte in der Hand, die vom Dampf eines noch warmen Brathuhns beschlagen war. Dann fuhren wir zum Krankenhaus.

In einer dunklen Ecke des Innenhofes, zwischen zwei Mangobäumen, stand das *chumneang pteah* – der Schrein für den Geist des Hauses. So gut wie jedes Gebäude in Kambodscha hat so einen. Meistens ist es ein kleines buntes Häuschen, das auf einer Stelze steht und ein bisschen wie ein deutsches Vogelhäuschen aussieht – nur bunter. Sreykeo legte das Brathuhn in das Haus, entzündete ein paar Räucherstäbchen, betete zu der *tevada* und dankte ihr aufrichtig, dass sie ihr in der Duschkabine die Lottozahlen verraten habe.

Wir gingen danach ein bisschen spazieren und liefen keine zehn Minuten später noch mal an dem Schrein vorbei: Das Huhn war weg.

»Ein sehr *hungriger* Hausgeist!«, sagte ich.

»Quatsch«, erwiderte sie. »Eine *tevada* hat niemals Hunger! Natürlich hat sich einer der Wachleute das Huhn geschnappt.«

Ich dachte, nun sei sie wütend und werde zu den Wachleuten gehen und verlangen, dass sie dem Hausgeist sein Huhn zurückgeben. Aber sie war sehr zufrieden so: Der Hausgeist war zufrieden und die Kinder des Wachmannes hatten am Abend ein Brathuhn zu essen. Das konnte uns ja nur Glück bringen.

Natürlich hat nicht nur das Kantha-Bopha-Krankenhaus einen Hausgeist. Unser eigenes Haus hat auch einen. Der wohnt allerdings nicht in einem Vogelhäuschen, sondern in einem chinesischen Ahnenschrein. Mit uns zusammen wohnen auch ein Cousin, ein Bruder und eine Schwester meiner Frau, und wenn sich die Familie morgens zähneputzend in der Küche begegnet, bemerkt regelmäßig einer, die *tevada* habe ihm im Traum die Lottozahlen verraten. Und – zack: Minuten später sind sie in einer dunklen Seitengasse verschwunden.

Wer nach Kambodscha heiratet, wird es mit einem ganzen Zoo von spirituellen Wesen zu tun bekommen. Die *tevada* sind davon noch die freundlichsten. Meine erste Konfrontation hatte ich mit einem *neak ta*. Das war bei meiner ersten Reise nach Kambodscha. Damals hatte ich meine heutige Frau gerade erst kennengelernt und besuchte mit ihr zusammen ihre Familie auf dem Land. Wir wohnten für ein paar Tage im Stelzenhaus ihres Onkels. In der ersten Nacht bekam ich furchtbare Bauchschmerzen und verbrachte die Zeit bis zum Morgengrauen in den Reisfeldern hockend, unter einem wunderbaren Sternenhimmel. Am nächsten Morgen stand die Familie um mich herum, den auf dem Boden in Embryostellung gekrümmten Westler. Ihre Diagnose erfolgte sofort: Ich war der erste Weiße, der sie in ihrem Dorf besuchen kam. Und als solcher dem örtlichen Erdgeist, *neak ta* genannt, etwas suspekt. Da ich mich nicht ordnungsgemäß bei ihm vorgestellt hatte, war ich mit einer Krankheit gestraft worden. Im Gegensatz zu den *tevada* sind die *neak ta* keine hübschen Frauen, sondern griesgrämige alte Männer mit weißen Rauschebärten. Sie wohnen meistens in großen alten Bäumen, am liebsten in Banyan-Bäumen. Unter einem Baum dieser Art hatte auch der Buddha seine Erleuchtung gefunden. Die *neak ta* können Glück bringen, aber auch Unwetter und Krankheiten, wenn sie schlechte Laune haben. Und natürlich können auch sie die Lottozahlen voraussagen. Sie können sich ja denken, wie die Sache mit meinen Magenschmerzen geregelt wurde: mit einem Brathuhn.

Und dann sind da noch die Halbgeister, *aab* genannt. Das sind Menschen, die meist ein bisschen sonderbar sind und abseits vom Rest der Bevölkerung leben. Ihre Köpfe trennen sich nachts von ihren Besitzern, fliegen durch die Luft und richten Unheil an – und normalerweise sagen sie keine Lottozahlen voraus, und wenn doch, dann nur die falschen. Ein kambodschanischer Hausfrauentipp empfiehlt, unter den Stelzenhäusern dornige Sträucher zu pflanzen. Darin würden sich die Gedärme, die die *aab* hinter sich herschleifen, verfangen. Zur Sicherheit trage ich außerdem noch einen magischen Gürtel unter meiner Kleidung, der aus einer Wäscheleine und kleinen, mit Pali-Versen beschriebenen Kupferstücken besteht. Der hält die Halbgeister fern und schützt vor Gewehrkugeln und Krankheiten. Ein drolliger Aberglaube. Aber es funktioniert: Bisher wurde ich noch nie erschossen. Und einem *aab* bin ich auch noch nicht begegnet.

Der gute Schüler

Kurz vor acht Uhr, kurz vor Beginn des vierten Prozesstages im Fall 001 der außerordentlichen Kammer der Gerichte Kambodschas zur Ahndung der Verbrechen der Khmer Rouge zwischen 1975 und 1979. Die Besucher des Gerichts nehmen ihre Plätze auf der Galerie ein. Es herrscht eine Atmosphäre wie in einem Kino kurz vor Filmbeginn. Journalisten, kambodschanische Jurastudenten und Touristen suchen nach freien Plätzen in den lange Reihen aus UN-blauen, gepolsterten Klappsesseln, sie sagen: »Darf ich mal durch?«, und der Gefragte steht mit einem kurzen Nicken auf und zieht den Bauch ein. Man setzt sich und starrt gespannt auf einen Vorhang, der die Stirnseite des Raumes verhüllt. Aufgeregtes Getuschel, eine Amerikanerin streckt sich über die Sitzreihen und verteilt Kaugummis an ihre Nachbarn. Aus den Lautsprechern rieselt Fahrstuhlmusik, hin und wieder unterbrochen von einer Frauenstimme, die in Khmer, Englisch und Französisch darauf hinweist, dass Essen, Trinken und Rauchen im Besucherraum verboten sei.

Der ganze Raum vermittelt den Eindruck einer klinischen Professionalität, die suggeriert, dass man Geschichte aufarbeiten und bewältigen könnte, dass man sie entschärfen kann wie eine Landmine: Hier wird Wahrheit gefunden.

Aber was ist das – Wahrheit? Der Historiker Edward Hallett Carr schrieb, Geschichte sei eine Sammlung gesicherter Fakten, die dem Historiker bereitstünden wie Fische auf dem Tisch eines Händlers. »Der Historiker sammelt sie, nimmt sie mit nach Hause und kocht und serviert sie, auf welche Art auch immer es ihm gefällt.« Wenn es stimmt, dass Geschichte ein sorgfältig zubereitetes Mahl aus ausgewählten Zutaten ist – müsste die Wahrheit dann nicht ein unappetitlicher Brei sein, zufällig zusammengestellt, unansehnlich, in sich widersprüchlich und absolut ungenießbar? Kein Wunder, dass sie es immer schwer hat.

Der Vorhang öffnet sich mit einem mechanischen Geräusch, das Getuschel verstummt.

Auftritt Kiang Gueck Euv, alias Duch. Er war von 1975 bis 1979 Kommandant des Vernichtungslagers S-21 in Phnom Penh, in dem über 12 000 Menschen gefoltert wurden, um danach auf einem Feld außerhalb der Stadt erschlagen und in Massengräbern verscharrt zu werden. Ein 65-Jähriger mit blitzenden Augen und drahtigen kurzen Haaren, der neben den beiden Wachleuten hinter ihm verschwindend klein wirkt. Mit hochgezogenen Augenbrauen lauscht er der Diskussion, die Hände auf einem blassgelben Aktenordner gefaltet, den er an jedem Prozesstag mitbringt.

Jeder Gerichtstag im Fall 001 beginnt mit dem gleichen Ritual. Duch betritt den Raum in Begleitung der Wachleute, er legt den Aktenordner auf den Tisch an seinem Sitzplatz, dann grüßt er die Richter, die Staatsanwälte und die Nebenkläger mit einem *sampeah*, mit aneinandergelegten Händen und einer leichten Verbeugung. Eine unterwürfige Geste, die mich verwirrt, da ich nicht einschätzen kann, ob er sie aus Reue oder Berechnung vorführt.

Diese Verbeugung macht mich wütend, Duch will mich um mein Feindbild betrügen.

Duch – seinen Namen verbindet man mit den Verbrechen der Khmer Rouge wie den Namen Adolf Eichmanns mit den Gräueln der Nazis. Die Opfer in seinem Gefängnis wurden von den Wachen als lebende Tote angesehen – eine Entlassung war nicht vorgesehen. Sie wurden fotografiert und bis auf die Unterwäsche ausgezogen. Mussten in langen Reihen mit Eisenfesseln an den Füßen auf dem blanken Boden liegen, oft über Monate. Regelmäßig wurden sie von den Wachen zu Befragungen aus dem Raum geholt und gefoltert, meist mit Elektroschocks und Schlägen. Zweck dieser Qualen war es, Geständnisse aus den Opfern zu pressen. Wenn Duch und seine Vorgesetzten mit den erlangten Informationen zufrieden waren, ließen sie die Gefangenen ohne Ausnahme umbringen.

Ich besuche die Gerichtsverhandlungen, da ich hoffe, dass Duch auch meine Fragen beantworten kann. Fragen, die das Schweigen meiner deutschen Großväter aufgeworfen hat. Mich beschleicht oft das Gefühl, dass die Geschichte aufbereitet wird, dass sie ihrer widersprüchlichen und verwirrenden Wahrheiten beraubt und zu leicht verdaulichen Klischees von Tätern und Opfern verdünnt worden ist. So, wie in S-21 heute Parkbänke und westliche Porzellantoiletten für die Touristen aufgestellt werden. So, wie der Souvenirladen in dem Haus funktioniert, in dem einst die Opfer bei der Einlieferung fotografiert wurden: Man macht sich die Geschichte schmackhaft.

Der Richter fordert Duch auf, Aussehen und Lage seines ersten Vernichtungslagers zu beschreiben. Duch bedankt sich höflich, dass man ihm die Gelegenheit bietet, zu sprechen, und bittet, zunächst von der Zeit erzählen zu dürfen, bevor er sich den Khmer Rouge anschloss. Die Richter sind überrascht – zunächst ist nicht klar, warum er das will. Doch sie lassen ihn gewähren.

Duch spricht frei, ohne in seinen Aktenordner zu blicken. Es ist eine lange Erklärung voller Daten und Namen, es ist offensichtlich, dass er sie in seiner Zelle vorbereitet hat. Er erzählt von seinem Entschluss, sein bürgerliches Leben hinter sich zu lassen und sich der Revolution anzuschließen, erzählt, wie der Abt einer Pagode, den er um Rat fragte, ihn in seinem Vorhaben unterstützte. Wie er sich von seinen Eltern verabschiedete, wie sie weinten, wie sein Vater ihm ein Glücksarmband umband, wie ihm seine Schulfreunde eine Armbanduhr zum Abschied schenkten.

Es sind persönliche Erinnerungen, sie haben nichts mit der Frage des Richters zu tun, sind irrelevant für das Verfahren, irrelevant für die Historiker, irrelevant für die Journalisten auf der Besuchergalerie.

Er scheint klarstellen zu wollen, dass er sich nicht der Revolution angeschlossen habe, um zu morden, er scheint betonen zu wollen, dass er ein Mensch und kein Monster ist. Niemand unterbricht ihn.

Dann erzählt er vom 25. Dezember 1967, dem Tag, an dem aus dem Mathematiklehrer Kiang Gueck Eav der Revolutionär Duch wurde, der Tag, an dem er der Fahne der Kommunistischen Partei Kambodschas die Treue schwor. Beim Erzählen hebt er noch einmal die rechte Hand zum Schwur, er sagte, er werde aufrichtig zur Partei, der Klasse und dem Volk Kambodschas sein, ihnen ohne Angst dienen und der Partei jedes Opfer bringen – sein Leben lang. Nach dem Schwur wurde er aufgefordert, einen neuen Namen zu wählen. Er sagt, jetzt hier in der Gegenwart: »Ich wähle Duch.« Vielleicht sieht er vor seinem inneren Auge noch einmal die rote Fahne mit Hammer und Sichel, vielleicht spürt er noch einmal die Anwesenheit der Guerillakämpfer, die ihn in ihre Reihen aufnehmen. In Wirklichkeit sind um ihn herum nur das Neonlicht des Gerichtssaals und sechs Richter.

Der Richter Lavergne hat das Wort. Er befragt den Angeklagten: »Hatte dieser Name eine spezielle Bedeutung?«

Er antwortet: »Als ich in der Grundschule war, da war ein Buch, in dem stand: ›Der Lehrer sagt Duch, er solle aus dem Buch vorlesen‹ – da war auch eine Skizze dazu. ›Duch steht auf, er hält seine Hände gerade und sein Kopf blickt nach vorn; er liest klar und genau.‹ Es war ein guter Name.«

Richter Lavergne hakt nach: »Der Bezug ist ein Student, ein Schüler, der besonders diszipliniert ist, besonders hörig, der immer Fragen, die ihm gestellt werden, beantworten kann, der bereit ist, zu lernen, der immer tut, was man ihm sagt. Ist das der Bezug?«

»Was Euer Ehren sagen, ist korrekt. Ich mochte den Namen, weil ich ein sehr disziplinierter Junge sein wollte, der seine Lehrer respektiert, der gute Taten vollbringt.«

Duch ist auch vor Gericht ganz der Musterschüler. Gäbe es ein Benotungssystem für Angeklagte – er hätte in jedem Punkt eine Eins verdient. Wohl nie gab es einen Kriegsverbrecher, der so offensiv seine tiefe Reue gezeigt hat wie Duch. Bei einer nicht öffentlichen Begehung der Massengräber, die unter den Namen »Killing Fields« berühmt wurden, bricht er in Tränen aus und fleht einen anwesenden Zeugen, einen Überlebenden des Lagers, um Vergebung an. Doch der, so berichtet es der Pressesprecher des Tribunals, antwortet bloß, dass er noch immer die Schreie höre, er könne nicht vergeben. Duch verweigert kein einziges Mal die Aussage, seine Antworten sind immer präzise und erschöpfend, er ist mit den Prozessakten vertraut und verblüfft das Gericht, wenn er fünfstellige Dokumentennummern aus dem Gedächtnis aufruft. Ich kann mich nicht des Eindrucks erwehren, dass ihm der Prozess in einer gewissen Weise Spaß macht. Er gefällt sich in der Rolle des Wissenden, des Erzählers, dem alle zuhören.

Ich finde ihn in gewisser Weise sympathisch. Das soll nicht heißen, dass ich ihm wünsche, er solle ohne Strafe davonkommen. Mein Eindruck von ihm steht zumindest aber in krassem Gegensatz zu den Zeitungsberichten aus Deutschland. In diesen Texten stelle ich eine reflexhafte Empörung fest. Der »Spiegel« bezeichnete Duch als »kühlen Exekutor«, der »keine Schuld« fühle. Wahrscheinlich gibt es das Bedürfnis, einen Menschen, der getan hat, was Duch tat, als quasi nichtmenschliches Wesen darzustellen. Die Vorstellung, dass Duch genauso ist wie wir, dass auch er eine Mutter hat, dass auch wir zu dem imstande sein könnten, wozu Duch imstande war, ist zu beängstigend. Und es gibt kaum einen europäischen Zeitungsbericht, in dem nicht Parallelen zu Auschwitz gezogen werden. Der »Spiegel« schreibt, es gebe Spekulationen, dass Duch sich von Adolf Eichmann inspirieren ließ – das sind nicht nur Spekulationen, sondern schlicht wilde Phantasien. Eine italienische Zeitung druckte gar ein angebliches Interview mit Duch, in dem ihm in den Mund gelegt wird, er habe seine Gefangenen »durch Arbeit vernichten« wollen. Das kann nur eine Lüge des Journalisten sein – in Duchs Gefängnis waren die Gefangenen angekettet, sie konnten sich kaum bewegen – wie sollten sie da arbeiten? Es ist, als würden die Toten für den Westen erst dann beklagenswert, wenn ihnen das Prädikat »Opfer eines neuen Auschwitz« verliehen würde. Reicht es nicht zu wissen, dass 12 000 Menschen unter unvorstellbaren Qualen gestorben sind?

Tatsächlich sehe ich hinter der Glasscheibe einen Menschen, der erschreckend sympathisch ist. Ich studiere sein Gesicht und versuche herauszufinden, welche Charaktereigenschaften ihn zum Massenmörder qualifizieren.

Ist er ein Sadist?

Das wäre die naheliegendste Erklärung – dass sich unter dem harmlosen, ja höflichen Auftreten ein Kranker versteckt, ein Irrer, ein geborener Verbrecher. Doch ich finde keinen Hinweis darauf, weder in seinem Gesicht, noch in seiner Biografie. Nic Dunlop, der Fotojournalist, der Duch im Jahr 2003 entdeckte – versteckt als Lehrer in einem Dorf an der thailändischen Grenze –, interviewte für sein Buch ehemalige Mitschüler, Schüler und Kollegen von Duch, die ihn noch aus den Zeiten kannten, als er Schüler am Lycée war oder als er später als Mathematiklehrer in einer Provinzstadt arbeitete. Eine Frau, mit der er als Schüler in einer Klasse war, berichtete, er habe sie immer als gleichberechtigt behandelt und sie aufgefordert, stark wie ein Mann zu sein. Seine Schüler beschrieben ihn als engagiert und behutsam, er habe sie niemals geschlagen, obwohl dies in Kambodscha damals wie heute üblich war. Er bot armen Schülern Essen und Unterkunft an, damit sie ihre Schulausbildung fortsetzen konnten. Nach dem Unterricht zeigte er chinesische Propagandafilme oder verteilte Flugblätter. Mit seinen Schülern organisierte er Arbeitsgruppen, um den Bauern dabei zu helfen, die Dämme für ihre Reisfelder zu errichten. Das klingt nicht nach einem Irren, sondern nach einem Idealisten.

War es vielleicht der Wunsch nach persönlicher Bereicherung – ein Motiv, das einst so viele Menschen in die Arme der Nazis trieb?

Auch das kann es nicht gewesen sein. Seine Schüler berichten, er sei als Lehrer jeden Morgen auf einem zerbeulten Fahrrad zur Schule gekommen, das Hemd aus der Hose hängend – obwohl er sich einen Motorroller oder ein Auto hätte leisten können.

Einen Großteil seines Gehaltes hat Duch der kommunistischen Partei gespendet. Und selbst Jahre später, als Kommandant von S-21, lebte er spartanisch.

Duch redet jetzt seit fünfzehn Minuten, er steht immer noch. Und dann liefert er von selbst eine Antwort auf meine Fragen. Er erzählt, wie seine Vorgesetzten ihm die Leitung eines Vernichtungslagers übertrugen, M-13, ein Vorläufer von S-21. Er habe sie angefleht, einen anderen für die Aufgabe auszuwählen. Sie sagten nur: »Mit euch Intellektuellen müssen wir streng sein.« Duch sagt, er habe erkannt, dass er dieser Aufgabe nicht entkommen könne, dass er ein Opfer bringen müsse. Er beruhigte sich, indem er in Gedanken ein Gedicht des Franzosen Alfred de Vigny wiederholte. Er sagt es vor Gericht auf, aus dem Gedächtnis, ganz der Musterschüler:

Weinen, beten – all dies ist umsonst. Erfülle mit Energie
deine lange und schwere Aufgabe. Auf den Weg, auf den das

Schicksal dich ruft. Dann, später, wie ich, leide und sterbe,
ohne ein Wort.

Nun wagt erstmals ein Richter, ihn zu unterbrechen.

»Ich weiß nicht, ob Opfer der angemessene Ausdruck dafür
ist – aber haben Sie erwägt, dass Ihr Opfer beinhalten würde,
für die Revolution zu töten?«, fragt er.

»Ich dachte darüber nach, mich der Revolution anzuschließen. Das Einzige, was ich in meinem Leben liebte, war lehren.
Ich hoffte, wenn die Revolution gewonnen sei, würde man
mir erlauben, meinen Unterricht fortzusetzen. So war meine
Vorstellung, ich hatte noch nicht mal daran gedacht, einmal
das zu tun, was ich später tat.«

Der Richter hakt nach.

»In Ihren Augen – fand die kommunistische Partei etwas
Besonderes an Ihnen, das sie veranlasste, Sie zum Direktor des
Sicherheitszentrums zu machen? Welche Qualitäten, Charak-
tereigenschaften könnten das gewesen sein?«

Duch antwortet nicht ohne Stolz.

»Die Qualität, die sie suchten, war Aufrichtigkeit der Partei gegenüber. Während meines ganzen Lebens kannten mich
meine Vorgesetzten sehr gut. Sie alle wussten, dass ich eine
aufrichtige Person war, die nie etwas verstecken würde. Und
eine andere Eigenschaft war, dass ich, was auch immer mir auf-
getragen wurde, akkurat ausführen würde. In meinem ganzen
Leben, wenn ich etwas tun würde, dann würde ich es richtig machen. Wenn ich es nicht richtig machen könnte, würde
ich es nicht tun.«

»Akkurat« und »richtig« – für einen Moment herrscht Stille
im Gerichtssaal. Die beiden Worte schweben im Raum wie
kalter Nebel. Duch ist jemand, dem man eine schwere Aufgabe übertragen hat, und er hat sie zu Ende geführt, ohne
zu klagen. Deshalb hatten sie ihn ausgewählt. Deshalb war er
geeignet für den Massenmord.

Jemand im Gerichtssaal sagt, es sei Zeit für das Mittagessen.

Die Besucher strömen aus der Galerie zu der kleinen Cafeteria vor dem Gericht, debattierend, urteilend, wie ein Publikum nach dem Besuch eines Theaterstücks. Ich muss über Duch nachdenken. Seine Antworten zeigen eine entsetzliche Ehrlichkeit − wenn er einen Vorwurf bestreitet, liefert er selten ein Argument, das ihn moralisch entlastet. Auf den Vorwurf, Gefangene seien mit Plastiktüten erstickt worden, erwidert er schlicht, das stimme nicht, sie hätten keine Tüten gehabt. Auf den Vorwurf, Kinder seien von den Balkonen der Gebäude in den Hof der Anlage geworfen worden, sagt er, dies hätte gegen das Gebot der Geheimhaltung verstoßen, denn es hätte die Anlage als Folterstätte enttarnt. Niemals bestreitet er den grausamen Zweck der Anlage, die Zahl der Toten oder seine direkte Verantwortung für die Morde. Mehrmals während des Verfahrens sagt er, er hasse Lügen. An einem Prozesstag kommt es zu einer absurden Situation, als ein ehemaliger Wächter der Anlage als Zeuge gehört wird. Um sich selbst zu schützen behauptet er plump und stur, in S-21 sei nicht gefoltert worden, es hätte keine Folter gegeben und die Gefangenen hätten ausreichend zu essen gehabt. Bis Duch plötzlich das Verfahren unbeherrscht unterbricht und den ehemaligen Wächter von der Seite her anherrscht: Er solle aufhören zu lügen.

Einmal bekam Duch von einem Vorgesetzten neu entwickelte Tabletten, die er an den Gefangenen ausprobieren sollte. Er wusste, dass sie dabei sterben könnten. Daher tauschte er die Tabletten vor dem Experiment gegen harmloses Paracetamol aus, um die Gefangenen zu schützen. Nach seiner Wertvorstellung war dieser spezielle Auftrag unmoralisch, da er nicht der Bestrafung von Schuldigen diente. Keine moralischen Einwände hatte er hingegen, als die gleichen Gefangenen, die er eben noch geschützt hatte, auf den »Killing Fields« getötet wurden – es entsprach dem Ablauf seines Gefängnisses, und da alle Insassen »Schuldige« waren, waren die Hinrichtungen für ihn moralisch zu rechtfertigen.

Duch ist nicht das, wofür ich ihn bisher gehalten habe: ein amoralisches Monster. Im Gegenteil. Er ist ein Mensch, der übertrieben moralisch ist – geradezu pedantisch. Für ihn scheint Moral etwas zu sein, das keine Subjektivität zulässt, etwas, das von der Gesellschaft beschlossen wird und dann nicht hinterfragt werden darf: Moral ist, wenn sich alle an die Regeln halten. Als sei die Gesellschaft eine mathematische Operation und die Moral deren Syntax – und er selbst nur eine kleine Nummer, die ihre Pflicht erfüllen muss. Und war so nicht das gesamte Projekt der Khmer Rouge? Sie wollten die Bauern befreien. Doch tatsächlich war ihr Projekt grausam intellektuell, voller akademischer Naivität: Der Versuch, eine Gesellschaft zu kreieren, die so errechenbar ist wie eine mathematische Gleichung.

Trotzdem bleibt Duch für mich auch ein Rätsel. Ich verstehe eines nicht: Er wurde von allen Menschen, die ihn kennenlernten, bevor er zum Mörder wurde, als außerordentlich hilfsbereit beschrieben, insbesondere gegenüber Jüngeren und Schwächeren. Wie konnte er sich in einen Menschen verwandeln, der Tausende unvorstellbaren Qualen aussetzte? Hatte er kein Mitleid?

Ein paar Tage später sitze ich wieder auf der Besuchergalerie. Richter Lavergne übernimmt die Befragung.

»Ist es vorgekommen, dass Sie gestört wurden durch den Geruch, der durch den furchtbaren Gesundheitszustand verursacht wurde, in dem die Gefangenen gehalten wurden, und auch durch die Hitze. Wurden Sie manchmal dadurch gestört?«

»Euer Ehren, der Geruch, der Gestank, ja, er hat existiert. Ich war mir nicht sicher, ob der Geruch eine allgemeine Gefährdung für die Gesundheit war, aber natürlich war da schlechter Geruch, aber da ich diesen Bereich des Gefängnisses nie betrat, war der Geruch nicht so schlimm für mich. Der Grund, warum ich dort nie hinging, war aber nicht wegen des Geruchs. Ein wichtiger Grund waren diejenigen, die dort waren, von denen ich die meisten kannte, und mit welchem Gesichtsausdruck sollte ich dort hingehen und sie treffen? Wie sollte ich mich selbst beruhigen? Ich versuchte diejenigen, die ich kannte, zu meiden, und ich wollte sie nicht mein Gesicht sehen lassen, wenn sie sich in solch einer Situation befanden. Das ist meine Antwort, Euer Ehren.«

Diese Antwort hat mir besser als jedes Buch die Natur von S-21 und von Duchs Werk vor Augen geführt. Duch musste viele Menschen umbringen lassen, die er kannte und mit denen er befreundet war.

Es ist ein Aspekt des Vernichtungslagers, der gern übersehen wird: Die meisten Menschen, die dort starben, waren selbst Soldaten der Khmer Rouge. In Wandtafeln und Broschüren des heutigen Museums heißt es, im Lager seien »Intellektuelle, Bauern und Angestellte des alten Regimes« umgebracht worden – und nur in einem Nebensatz wird erwähnt, dass »sogar Kader der Khmer Rouge« dort gefoltert und getötet wurden. Aber diese Darstellung verdreht den wahren Zweck der Anlage: In erster Linie diente sie zur »Reinigung« der Partei, achtzig Prozent der Insassen waren selbst Khmer Rouge. Ke Kim Hout, Duchs alter Lehrer, in dessen Haus er als Jugendlicher viel Zeit verbracht und der ihm überhaupt erst sein Studium ermöglicht hatte, starb hier. In Nath, der erste Kommandant von S-21, starb selbst in dieser Anlage. Ebenso Chhay Kim Hour, der Duch einst seinen Schwur bei der Aufnahme als Kader der Khmer Rouge abgenommen hatte. Und Vorn Vet, der ihn zum Kommandanten der Anlage ernannt hatte. Und diese Beispiele sind sicher nur eine kleine Auswahl aus dem Kreis der Personen, die Duch töten lassen musste.

Warum lässt man diesen Fakt heute so gern unter den Tisch fallen? Wahrscheinlich widerspricht er unserem Wunsch nach einer eindeutigen Einteilung in Täter und Opfer.

mich an eine Situation, in der eine Cousine meiner Frau zum Abendessen bei uns war, eine sehr zierliche Person. Während wir alle unsere Nudeln löffelten, warf meine Frau einen Blick auf die Oberweite unseres Gastes und erklärte in einem gut gelaunten Ton, dass ich, ihr Mann, eher große Brüste bevorzugen würde. Sie scheute auch nicht davor zurück, mit beiden Händen vor der versammelten Verwandtschaft anzudeuten, wie groß die Brüste mindestens sein sollten. Ich tat so, als hätte ich etwas sehr Interessantes in meiner Nudelsuppe gefunden. Man sollte nicht vergessen, dass Political Correctness nach westlichem Vorbild in Südostasien völlig unbekannt ist. Ein Behinderter ist hier ein Krüppel. Ein Kind, das schlechte Noten nach Hause bringt, ist kein Minderleister, sondern ganz einfach dumm, und eine füllige Frau ist kein Vollweib – sondern fett.

Auch enge Freunde werden als Teil der Familie angesehen. Tatsächlich kennen die Südostasiaten unser westliches Konzept von Freundschaft nicht – eine relativ lose Verbindung von zwei Menschen, die sich mögen, aber nicht unbedingt größere Verantwortung füreinander übernehmen möchten. Es passiert regelmäßig, dass jemand als »Bruder« oder »Tochter« vorgestellt wird – und erst im Laufe des Gesprächs stellt sich heraus, dass die Person nur das ist, was wir Europäer als einen »Freund« bezeichnen würden.

Im Laotischen, Kambodschanischen und Vietnamesischen benutzen die Menschen also für sich selbst und ihren Gesprächspartner Bezeichnungen, die sie dem Familienmodell entliehen haben. Dabei müssen beide erst einmal herausfinden, wer von beiden in dieser angenommenen Familienhierarchie der Höherstehende ist. Redet ein 30-jähriger kambodschanischer, kinderloser Mann mit einem 35-jährigen Vater, wird er sich selbst als *on*, also als jüngerer Bruder, sein Gegenüber aber als *bong*, als älteren Bruder bezeichnen. Trifft ein Vietnamese auf einen Mann, den er als älter als seinen Vater einschätzt, wird er ihn als *chau*, als Onkel ansprechen.

Das System ist sehr komplex und bietet Tausende Möglichkeiten, sich selbst zu blamieren oder Verwirrung zu stiften. Wie redet man nun zum Beispiel eine weibliche Bedienung in einem Restaurant an? Da sie in der Hierarchie niedriger steht als der Gast, müsste man sie als »jüngeres Geschwister«, also *on* anreden. Das ist aber auch gleichzeitig die Bezeichnung, mit der Männer ihre Geliebten oder Ehemänner ihre Frauen anreden. Es würde der Unterhaltung also eine unerwünschte Note geben, die für die Frau hochpeinlich werden könnte. Besser, man redet sie mit *niang*, also mit Fräulein an. Was ist nun, wenn man einen älteren Taxifahrer hat? Ich bin dazu übergegangen, in solchen Situationen mein Gegenüber als »älterer Bruder« anzureden, ungeachtet der Tatsache, dass er mich umgekehrt ebenfalls als Älteren bezeichnet. Ich erspare mir so einfach unangenehme Situationen.

Ich gerate regelmäßig ins Schwitzen, wenn ich mit einer kambodschanischen Frau mittleren Alters spreche. Wenn ich sie mit *bong* anrede, also mit »ältere Schwester«, ist sie beleidigt, weil die Anrede angesichts ihres höheren Alters als respektlos gilt. Wenn ich sie dagegen mit dem sehr respektvollen *om* anrede, also »Tante, die älter ist als meine Mutter«, dann ist sie auch beleidigt. »Sehe ich tatsächlich so alt aus?«, wird sie sich fragen und abends vor dem Spiegel ihre Falten zählen. Das klingt schrecklich kompliziert. Haben Sie keine Angst, Fehler zu machen. Die Asiaten sind selbst verwirrt.

In einer Situation gelten all diese gesellschaftlichen Konventionen allerdings nicht mehr – wenn sie Englisch sprechen. Dann sind die Asiaten immer höflich. Und so erleben sie ja die meisten Touristen.

Inzwischen ist mir klar geworden, dass die Worte, die jener Mann im Krankenhaus zu mir und meiner Frau gesagt hat, keineswegs als Beleidigung oder Bloßstellung gedacht waren. Es war eher ein derber Witz, der uns zeigen sollte, dass wir dazugehören. Die Tatsache, dass wir im Westen so wenige Kinder haben und die Familie bei uns eine so untergeordnete

Rolle spielt, irritiert die Menschen in Laos, Kambodscha und Vietnam. Aber bei mir und Sreykeo war ja offensichtlich noch alles in Ordnung – drei dunkelhaarige Kinder, die zudem noch Khmer sprachen, das verband uns in seinen Augen mit ihm. Durch die Tatsache, dass er eben nicht höflich war, wollte er uns zeigen, dass wir unter uns waren, die kleine Krankenhaus-flur-Familie, die sich in diesem Moment gebildet hatte und nun für einige Tage bestehen würde. Es war also tatsächlich ein Kompliment – irgendwie.

Geisterstunde

Der Tag, an dem meine Schwiegermutter von den Toten zurückkehrte, fing eigentlich ganz harmlos an. Meine Frau und ich waren mit den Kindern von Phnom Penh in unser Haus auf dem Land gefahren, für die Hundert-Tage-Feier, welche die Theravada-Buddhisten drei Monate nach der Beerdigung eines Verwandten abhalten, um ihm den Übergang in ein neues Leben zu erleichtern: Man lädt ein paar Mönche in sein Haus ein, die in einer Reihe sitzend Pali-Verse rezitieren, gibt ihnen zu essen und schenkt ihnen kleine Pakete, die neue Roben, Seife, Zucker, einen Kamm und Dosenmilch enthalten. So hofft man, dass sich das gute *khamma* der Mönche auf den Verstorbenen überträgt und ihm zu einer höheren Form der Reinkarnation verhilft.

Offen gesagt: Gutes *khamma* konnte meine Schwiegermutter gebrauchen. »Du sollst nicht töten« war das einzige buddhistische Gebot, das sie nicht gebrochen hatte, und selbst da bin ich mir nicht sicher. Sie war großzügig zu ihren Freunden, die sie beim Kartenspielen als aufgedrehten Witzemacher kannten, und kleinlich zu ihren Töchtern, die sie als prügelnden, stets vorwurfsvollen Griesgram erlebten. Naiv wie ein kleines Kind im Umgang mit Geld – Mutterliebe verteilte sie meistens im Austausch gegen Scheine. Sie säte Zwietracht zwischen ihren Töchtern, indem sie die eine offen bevorzugte und die andere verschmähte. Am Ende war sie ihres Lebens ganz offensichtlich überdrüssig. Die letzten Tage aß sie nicht mehr, sondern rauchte nur noch, trank Reisschnaps und spielte Karten.

Aber sie war eben auch eine Mutter gewesen. Und so fuhren meine Frau, ihre Geschwister und ich am nächsten Tag aufs Land. Wir wuschen ihren knochigen Körper mit Wasser, zogen ihr die besten Kleider an und legten sie in einen Sarg. Es war nicht meine erste Beerdigung, und so machte mir der Kontakt mit der kalten Haut und mit den Gliedern, die noch nicht steif waren, keine Angst mehr. Wir zogen barfuß den Leichenwagen zu einem kleinen Krematorium, das in einem Hain aus Zuckerpalmen stand. Als das Feuer niedergebrannt war, holten wir die Asche aus dem Ofen, verteilten sie im Gras, löschten sie mit Wasser und suchten darin nach Knochen, weiße Korallenstückchen im Schwarz der Holzkohle. Jedes ihrer Kinder behielt einen Zahn als Andenken und Glücksbringer; ich verzichtete dankend. Dann legten wir ihre Überreste in eine goldene Urne und stellten diese in das *phum prasat*, das kleine Geisterhäuschen am Eingang zu dem Stückchen Land der Familie.

Das war, offen gesagt, eine Notlösung. Eigentlich sollte man die Asche in eine *ceidi*, also in einen gemauerten Schrein legen, der einer Stupa ähnelt und entweder auf dem Gelände der Pagode oder auf dem eigenen Land steht – doch dafür fehlte uns das Geld. Viele Leute, die kein eigenes Land haben, stellten die *ceidi* in der Pagode in jenen Spalt zwischen der großen Buddhastatue und der Rückwand, aber das wollten wir nicht. Auf keinen Fall darf man die Asche einfach im Haus in einem Schrank aufbewahren. Dem Glauben der Kambodschaner zufolge gibt es nach dem Tod eine Übergangszeit bis zur Reinkarnation, in der der Tote noch nicht verstanden hat, dass er verstorben ist – und wenn man ihn weiter im Haus wohnen lässt, wird er ewig dort herumgeistern. In unserem Fall war auch das Geisterhäuschen selbst ein Provisorium, wir hatten es schnell aus einigen Sperrholzbrettchen und Aststücken zusammengenagelt, als wir das Land gekauft hatten – es war nicht mehr als ein ärmliches Vogelhäuschen, vor dem eine mit Sand gefüllte Kaffeemilchdose stand, in der ein paar Räucherstäbchen qualmten. Ich wünschte, ich könnte etwas anderes sagen, aber als die Schwiegermutter sicher im Vogelhäuschen untergebracht war, machte sich eine gewisse Erleichterung breit.

Bis zu der Hundert-Tage-Feier, dem Tag, an dem sie zurückkehrte. Es war natürlich nachts. Die Mönche waren bereits gegangen, und wir saßen unter dem Stelzenhaus mit einigen Nachbarn zusammen und aßen und tranken. Auf einmal begann Cheamney, die jüngere Schwester meiner Frau, sich eigentümlich zu benehmen. Sie zündete sich eine Zigarette an, obwohl sie eigentlich nicht rauchte. Dann redete sie ältere Nachbarn mit *kon* an, was übersetzt »mein Kind« bedeutet. Dann goss sie sich einen Schnaps ein und begann, auf einigen Plastikeimern den Rhythmus eines Schlagers aus den Sechzigerjahren zu trommeln, den Cheamney eigentlich gar nicht kennen konnte. »Musik«, rief sie. »Was ist eine Feier ohne Musik?«

Inzwischen waren alle längst vor Angst erstarrt, während ich ratlos von einem zum anderen blickte, ahnungslos, was hier vor sich ging. Cheamney richtete den Finger auf meine Frau. Niemand habe den *chumneang pteah*, den Schutzgeist des Landes, sozusagen der Hauptmieter des Geisterhäuschens, um Erlaubnis gefragt, ob sie ebenfalls dort einziehen dürfe, sagte sie. Und daher habe sie die letzten hundert Tage damit verbracht, auf dem Land herumzuirren. »Glaubt ihr, dass das Spaß macht?« Sie sprach in einem derart vorwurfsvollen Ton, dass auch ich sofort überzeugt war, dass es ihre Mutter sei, die sich da beschwerte.

Immerhin, kambodschanische Geister sind einfach zufriedenzustellen. Meine Frau opferte dem Schutzgeist ein Bündel Bananen und zündete einige Räucherstäbchen an. Ihr Bruder schwang sich auf seinen Motorroller, und kurze Zeit später kehrte er mit einer Karaokeanlage und mehreren schwarzen Boxen zurück. Cheamney rauchte, trank und tanzte zu den Bässen asiatischer Popmusik, auf die gleiche kindliche Art, mit der ihre Mutter immer getanzt hatte. Dann fiel sie plötzlich um und schlief bis zum nächsten Morgen. Natürlich sagte sie, sie könne sich an nichts erinnern.

Wurde ich damit zum Geisterglauben bekehrt? Nein. Geschichten wie diese hört man regelmäßig, wenn man in Südostasien lebt. Kambodschaner sind besessen von Geistern – im wahrsten Sinne des Wortes. Wenn man sich ein beliebiges kambodschanisches Kinoprogramm anschaut, werden zwei von drei Filmen Horrorstreifen sein. Keine Frauenzeitschrift ohne Geistergeschichte. Meistens handeln diese Erzählungen von jungen Frauen, die von Geistern besessen werden, und meistens gibt der Geist sich durch eine Fähigkeit zu erkennen, die der Besessene nicht gehabt hatte.

Sind diese Episoden nur Schauspielereien junger Mädchen, die sich wichtig machen oder jemandem einen Schrecken einjagen wollen? Bestimmt sind sie das ziemlich oft. Aber ich glaube, Cheamney hatte sich tatsächlich eingeredet, von ihrer Mutter besessen zu sein. Und die Frage, ob jemand von einem Geist besessen ist oder nur glaubt, von einem in Besitz genommen zu sein, ist ziemlich abstrakt. Wenn man an Geister glaubt, sind sie genauso wirklich wie die Schwerkraft und der Regen.

Die folgende Begebenheit erzählte mir ein westlicher Bekannter aus Phnom Penh. Normalerweise hätte ich sie als die übliche Anekdote des Freundes eines Freundes abgetan – wenn ich nicht kurz zuvor die Geschichte mit meiner Schwiegermutter erlebt hätte. Ein Ehepaar aus Vietnam war mit ihrer Teenagertochter für drei Tage im Urlaub in Phnom Penh.

Es handelte sich um eine Mittelstandsfamilie, gebildete Menschen, die sich einen Kurzurlaub leisten konnten. Als sie die Straßen entlanggingen, fiel der Tochter etwas auf dem Boden auf. Es war ein kleines Schiffchen aus Bambus und Palmenblättern, das gefüllt war mit Reis, Salz und Süßigkeiten. Dazwischen steckten abgebrannte Räucherstäbchen. Es war ein *pä*, ein Geisterschiffchen, das die Kambodschaner benutzen, um einen bösen Geist aus ihrem Haus herauszulocken. Doch diesen kambodschanischen Zauber kannte die Vietnamesin nicht – sie nahm das Schiffchen in die Hand. Bald darauf soll sie angefangen haben, manisch zu kichern, sie habe steife Muskeln bekommen und begonnen, unkontrolliert um sich zu schlagen. Ihre Eltern brachten sie zurück ins Hotel. Das kambodschanische Personal eröffnete ihnen, dass ihre Tochter besessen sei. Nun neigen Vietnamesen dazu, die Kambodschaner als rückständig und primitiv zu belächeln. Was nicht heißen soll, dass sie sich über den kambodschanischen Aberglauben lustig machen – sie halten lediglich die kambodschanischen Geister für rückständiger und primitiver als die vietnamesischen.

Bald war das Hotelzimmer mit Menschen gefüllt, die Ratschläge gaben, was zu tun sei. Einige waren skeptisch, was diese Geschichte anging, zeigten ihre Vorbehalte aber nicht. Mein Bekannter wies darauf hin, dass man vielleicht auch andere Gründe in Erwägung ziehen sollte, etwa einen epileptischen Anfall. Aber er wurde ignoriert. Das kambodschanische Personal zündete Räucherstäbchen an und verteilte Teller mit Reis in dem Raum, um den Geist aus dem Körper zu locken, aber ohne Erfolg. Das Mädchen sagte auf Vietnamesisch, sie wolle nicht zurück nach Vietnam, sie wolle in Kambodscha bleiben, während sie die Dinge in dem Zimmer betrachtete, als hätte sie diese noch nie gesehen.

Nun griff der kambodschanische Taxifahrer des Paares ein und erklärte dem Geist auf Khmer, dass das Paar mit dem Mädchen zurück nach Vietnam gehen werde und dass er heimatlos sei, wenn sie erst mal dort wären. Es sei also besser für ihn, wenn er den Körper jetzt gleich verlassen würde. Und dann passierte es: Das Mädchen blickte den Taxifahrer einen Moment durchdringend an und rief dann in akzentfreiem Khmer: »Ich gehe nicht! Es macht Spaß! Ich mag diesen Körper!«

Das Personal floh entsetzt aus dem Zimmer, und das vietnamesische Paar brach in Tränen aus – angeblich hatte das Mädchen nie zuvor ein Wort Khmer gesprochen. Kurz darauf schlief sie ein. Jemand holte einen Mönch, der damit begann, einen Sermon in Pali zu singen, und bald darauf wachte sie wieder auf, wieder ganz unbesessen. Trotzdem verbrachte das Paar noch einige Tage in Phnom Penh, die sie nutzt, um verschiedene Pagoden zu besuchen und sich in Anti-Geister-Maßnahmen beraten zu lassen.

Man könnte vielleicht glauben, dass der Geisterglaube ein Phänomen ist, das nur die abergläubische Landbevölkerung betrifft. Aber das stimmt nicht. Eine weitere Geistergeschichte nämlich erzählte mir eine Bekannte, die im »Cambodiana«, einem der größten Hotels der Stadt, arbeitet. Es überrascht mich nicht, dass es dort Gespenster geben soll, denn es ist ein Ort, der aus einem Stephen-King-Roman stammen könnte: Riesig, alt und anonym, mit langen Gängen, die mit fingerdickem Teppich ausgelegt sind und in denen man sehr weit laufen kann, ohne einem Menschen zu begegnen. Das Gebäude wurde in den Sechzigerjahren im Auftrag von Prinz Sihanouk gebaut, eine riesige Betonstruktur, mit einem Dach wie bei einer Pagode. Leider wurde das Hotel nicht rechtzeitig vor Ausbruch des Krieges fertiggestellt. Während der Kämpfe diente es als Soldatenheim und Flüchtlingslager. In den Neunzigerjahren war es ein Casino – in dieser Zeit sollen sich viele Menschen, die ihr Eigentum verspielt hatten, vom Dach gestürzt haben.

Der Geschichte nach wurde eines Tages die Leiche eines unbekannten Jungen im Pool gefunden. Von diesem Tag an entdeckte man regelmäßig Wasserspuren auf den Fliesen in den Gängen des unteren Stockwerks. Gäste, deren Zimmer in der Nähe des Pools lagen, beklagten sich, dass in der Nacht jemand an ihre Zimmertür geklopft habe. Eine Frau öffnete entnervt und sah zu ihrer Überraschung einen kleinen Jungen auf dem Flur stehen. Sie beschwerte sich am nächsten Morgen beim Personal des Hotels. Die Wachleute gingen die Bänder der Überwachungskameras durch – aber es war natürlich kein Junge zu sehen. Diese Geschichte war jedoch für das Personal viel mehr als nur eine schaurige Anekdote. Es waren Mönche da – die kambodschanische Version der Ghostbusters – um gesegnetes Wasser zu verspritzen. Ein Vorgesetzter machte sich den Glauben sogar zunutze, um sich seine Untergebenen gefügig zu machen: Er erzählte ihnen, er könne den Geist rufen, wenn sie ihre Arbeit nicht nach seinen Vorstellungen erledigten. Das Personal fand aber bald heraus, was der Geist wirklich wollte. Süßigkeiten – schließlich war er ein kleiner Junge. Falls Sie also einmal im »Cambodiana« absteigen sollten, stellen Sie etwas Schokolade auf das Nachttischen – und niemand wird Ihre Nachtruhe stören.

Meine Frau weiß, dass ich ihren Geisterglauben nicht ernst nehme. Nach jener Massenpanik während das Wasserfestes 2010 in Phnom Penh, bei der 347 Menschen starben, kehrte sie vom Markt mit einer Plastiktüte zurück, in die sie mich nicht hineinblicken ließ. Sie wollte nicht, dass ich mich über sie lustig mache. Aber ich wusste ohnehin, was darin war, denn in der Stadt gab es kaum ein anderes Gesprächsthema als die vielen rastlosen Geister, die nun angeblich durch die Straßen irrten.

Meine Frau hatte Reis, Salz und Süßigkeiten als Opfergaben für die Toten der Katastrophe gekauft, um deren Geister davon abzuhalten, sich im Haus niederzulassen. Dazu legte meine Frau kleine Barbie-ähnliche Puppen aus, die von den Geistern als Körper benutzt werden konnten. Meine Frau wollte so verhindern, dass sie Besitz von einem unserer Kinder ergriffen. Bananen hatte sie nicht mehr bekommen. Nach der Katastrophe stiegen die Preise für Bananenbündel, die oft als Opfergaben für die Geister von Toten sowie für die *neak ta* dienen, inflationär an: Von umgerechnet fünfzig Cent auf 6,50 Euro. Die ganze Stadt war für Tage in die Schwaden von Räucherstäbchen gehüllt.

Ich muss zugeben, dass der Geisterglaube einer der Aspekte der Kultur meiner Frau ist, die für mich unverständlich bleiben. Das soll nicht heißen, dass der Animismus unsere Beziehung in irgendeiner Weise belastet. Ich sehe ihn so, wie vielleicht eine westliche Ehefrau das seltsame Hobby ihres Mannes betrachtet – eine ausufernde Modelleisenbahn im Keller oder die Liebe zu einem Fußballverein. Manchmal mache ich eine ironische Bemerkung darüber. Offen gesagt, sogar ziemlich oft. Aber ich habe nie versucht, sie vom Geisterglauben abzubringen. Ohnehin habe ich das Gefühl, dass sie selbst den Geisterglauben nicht mehr so richtig ernst nimmt. Für sie ist es eher ein Ritual, das man durchführt, da alle Nachbarn es auch tun. Weil man nicht auffallen will und weil man ja nicht weiß, ob nicht doch etwas daran ist – sicher ist sicher.

Der Animismus ist etwas, das ich nicht verstehe – und Dinge, die ich nicht verstehe, versuche ich nicht zu ändern. Ich weiß außerdem, dass der Glaube, dass ein Toter nie wirklich tot ist, für die Kambodschaner eine heilende Wirkung haben kann. Nachdem meine Schwiegermutter gestorben war, soll sie noch ein zweites Mal zurückgekehrt sein. Djiat, die ältere Schwester meiner Frau, will sie nachts gesehen haben. Sie habe wieder jung und schön ausgesehen. In ihrem Arm habe sie ein Kind aus der Familie getragen, das jung gestorben war und dessen Urne ebenfalls im Geisterhaus steht. Sie sei sehr glücklich, sich um dieses Kind kümmern zu dürfen, sagte Djiat. Sie liebe das Kind und trage es immer im Arm und lege es keine Sekunde aus der Hand. Und das Kind liebe sie genauso. Es ist eine schöne Vorstellung. Eine Geschichte, die jeder gern hört, und deshalb wurde sie für die Familie zur unumstößlichen Wahrheit. Im Tod, als Geist, wurde sie zu der Mutter, die sich alle in der Familie gewünscht hatten. Der Geisterglaube war für Djiat und meine Frau nicht nur ein Weg, um mit dem Verlust der Mutter umzugehen, sondern auch mit der misslungenen Beziehung zu ihr während der Zeit, in der sie noch lebte. Warum sollte ich das ändern wollen?

Eine Fahrt auf dem Mekong

Noch ist die Wärme der Morgensonne erträglich. An der Oberfläche des Mekong mischt sich das schlammige Braun des Wassers mit dem grellen Blau des Himmels, Tausende tanzende Lichter blenden. Ich befinde mich auf einem Holzboot, das den Fluss hinunter durch den Süden Kambodschas nach Vietnam fährt. Noch ist keiner an Bord richtig wach. Der Bootsführer lümmelt auf seinem Sitz. Er kaut die Fahrt über auf einem Zahnstocher, offensichtlich, um sich vom Einschlafen abzuhalten. Seine Frau liegt auf einer Bank neben ihm und hat sich einen ausgebeulten Stoffhut auf das Gesicht gelegt. Auf den Holzbänken haben sich drei weitere Touristen ausgebreitet und dösen.

Es wäre nicht notwendig gewesen, so früh aufzustehen, um nach Vietnam zu gelangen. Zwar war der Fluss noch in den Neunzigerjahren die sicherste und schnellste Verbindung zwischen den Ländern. Doch heute bewältigen klimatisierte Busse auf gut ausgebauten Schnellstraßen die Strecke von Phnom Penh nach Ho-Chi-Minh-Stadt in einigen Stunden. Mit dem Boot reisen nur noch Touristen, die Tickets lassen sich in jedem Gästehaus buchen. Trotzdem wollte ich auf dem Fluss nach Vietnam. Denn die alte Weisheit, dass man ein Land auf einer Flussreise ganz anders wahrnimmt als während einer Fahrt über die Straßen, stimmt noch immer.

Die Unterschiede zwischen Kambodscha und Vietnam werden nirgendwo so deutlich wie auf dem Mekong. Wir fassen Laos, Kambodscha und Vietnam unter dem Begriff Indochina zusammen und unterstellen damit, dass die drei Länder sich ähnlich seien. Es handelt sich um einen Begriff, den einst die französischen Kolonialherren ihren Besitztümern gaben. Tatsächlich könnten die Länder jedoch kaum unterschiedlicher sein, was Mentalität und Tradition angeht: Laos und Kambodscha sind vor allem von der indischen Kultur geprägt, Vietnam vor allem von der chinesischen.

Vorerst muss ich geduldig sein. Das Boot ist langsam. Es ist ein typisch südostasiatisches Gefährt, ein aus groben Planken gefertigter offener Kahn, so lang wie ein Reisebus, mit einem flachen Holzdach, über dem eine zerfetzte kambodschanische Fahne weht.

Das Boot ist häuslich eingerichtet wie ein seit Jahren gebrauchter Familienbus: Kleiderhaken an der Wand neben dem Führersitz, daneben ein chinesischer Abreißkalender, der zwar das Datum des gregorianischen Kalenders zeigt, daneben aber auch das des chinesischen Kalenders und die Mondphasen – unentbehrlich in einer Region, in der Astrologie eine so große Rolle spielt. Blau-schwarz-weiß-gestreifte Planen schützen uns vor der Sonne und erinnern an die Vorhänge an einem Küchenfenster. Die Frau trocknet Fische in einem Plastikkorb auf dem Dach.

Andere Dinge auf dem Boot sind gar nicht asiatisch: Zum einen gibt es ein halbiertes Plastikfass, das als Mülleimer dient. Sehr ungewöhnlich für Kambodscha und eindeutig ein Zugeständnis an westliche Gewohnheiten – Kambodschaner und Vietnamesen würden ihren Müll einfach über Bord schmeißen. (Und wahrscheinlich machen sie genau das, wenn die Touristen weg sind.) Zum anderen gibt es einen Verschlag aus Holz, an dem »Toilet« steht. Darin thront ein westlicher Toilettensitz, »American Standard«, der ständig vom Kühlwasser des Motors durchspült wird – eine asiatisch-pragmatische Konstruktion. Was für Szenen müssen sich an jenem Tag abgespielt haben, an dem die beiden lernen mussten, dass westliche Touristen immer Toiletten mit verschließbarer Tür und Mülleimer um sich haben müssen? Die Besitzer des Bootes kennen ihr Geschäft.

Der Bootsführer und seine Frau sind nicht sehr gesprächig. Ich spreche ihn auf Khmer an, aber er weist meine Kommunikationsversuche entrüstet zurück. Es stellt sich heraus, dass er und seine Frau Vietnamesen sind und weder Englisch noch Khmer sprechen. Meine Unterstellung, dass er Kambodschaner sein könnte, scheint ihn geradezu zu beleidigen. Die Tatsache, dass das Paar jeden Tag mit seinem Boot tief in das Land der Khmer hineinfährt und mit kambodschanischen Geschäftspartnern verhandeln muss, dabei aber kein Wort Khmer spricht, überrascht auf den ersten Blick.

Es gibt eine große vietnamesische Minderheit in Kambodscha – bekanntestes Beispiel für eine vietnamesische Siedlung in Kambodscha ist das schwimmende Dorf auf dem See Tonle Sap im Süden Siem Reaps. Umgekehrt gibt es eine große kambodschanische Minderheit in Südvietnam, die in ihren eigenen Dörfern lebt, ihre eigenen Pagoden besucht und ihre eigene Sprache spricht. Die Völker bleiben allerdings unter sich – Ehen zwischen Kambodschanern und Vietnamesen sind selten. Eine derartige Feindlichkeit der Kambodschaner gibt es gegenüber anderen Minderheiten nicht. Die Chinesen zum Beispiel, die meist in den Städten leben, sind seit Jahrhunderten voll in das kambodschanische Leben integriert, sie werden von den Khmer für ihre Geschäftstüchtigkeit bewundert, Ehen zwischen Kambodschanern und Chinesen sind selbstverständlich. Eine Trennung zwischen kambodschanischer und chinesischer Alltagskultur ist heute oft gar nicht mehr möglich.

In beiden Ländern gibt es starke Vorurteile gegenüber dem jeweils anderen. Ich bin immer wieder überrascht, wie wenig selbst hochgebildete Vietnamesen, die lange Zeit im westlichen Ausland gelebt haben, über Kambodscha wissen. Viele Vietnamesen sehen in den Kambodschanern ein ungebildetes, dumpfes und brutales Volk. Dazu kommt, dass sie Kambodscha als politischen Vasallen des Erbfeinds sehen – China. Viele Kambodschaner hingegen sehen die Vietnamesen als gierig, berechnend und hinterlistig an. Sie unterstellen ihnen, dass sie sich Kambodscha einverleiben wollen und ständig Grenzpfosten verschieben. Sie sehen die vietnamesischen Siedler als Teil einer politischen Verschwörung zur »Vietnamisierung« Kambodschas.

Vor allem werfen sie den Vietnamesen vor, dass sie ihnen das Mekong-Delta weggenommen hätten, eine Region, die Kambodschaner noch heute konsequent als *kampuchea krom* bezeichnen – »das untere Kambodscha«. Eine Kleinigkeit fiel mir am Grenzübergang Bavet-Moc Bai auf, der wichtigste zwischen den beiden Ländern. Es war der letzte Kilometerstein am Rande der Nationalstraße – er zeigte an, dass es noch 74 Kilometer bis zur größten Stadt Vietnams seien. Doch da stand nicht »Ho Chi Minh City« auf dem Stein. Auch nicht »Saigon«. Sondern »Prey Nokor«. Das war der Name, den das heutige Ho-Chi-Minh-Stadt hatte, als das Mekong-Delta noch unter kambodschanischer Herrschaft stand.

Die in Kambodscha gebräuchlichste Bezeichnung für Vietnamesen, *yuon*, hat keine zweite Bedeutung, aber trotzdem einen abwertenden Unterton, vergleichbar mit der deutschen Bezeichnung »Franzocke« für Franzosen oder »Amis« für Amerikaner. Manche kambodschanischen Akademiker sind der Ansicht, dass das Wort rassistisch sei und aus Tageszeitungen, Nachrichtensendungen und Parlamentsdebatten verbannt und durch das neutrale *vietnam* ersetzt werden sollte. Andere erwidern, dass *yuon* ein neutrales Wort sei und ein Teil der kambodschanischen Kultur. Auf jeden Fall zeigt jemand, der diesen Begriff benutzt, eine gewisse Einstellung gegenüber den Vietnamesen.

Ich gebe meine Kommunikationsversuche auf und mache mir eine Dose Bier auf. Der Alkohol und der Rhythmus des Motors lullen mich in jenen schläfrig-meditativen Zustand, in dem man das Reisen erträgt.

Der Mekong ist an dieser Stelle so breit, dass das Ufer zu einem unregelmäßigen Band aus Büschen und Bäumen verschwimmt, über dem hin und wieder das goldene Dach einer Pagode hervorlugt – oder ein Mobilfunkmast. Darüber ein Himmel, wie er für einen Morgen in der Regenzeit typisch ist: weiße Wolkengebirge auf einem strahlend blauen Grund. Schiffe begegnen uns auf unserer Fahrt nicht. Hin und wieder fahren wir an Inseln im Fluss vorbei, die uns alle ein ähnliches Bild zeigen. Am Ufer grasen weiße Rinder, nackte Kinder spielen im Wasser, im Hintergrund einige Stelzenhäuser.

Das Boot legt an einem verwitterten Holzsteg an, über den man an Land balancieren muss. Der Grenzposten ist eine Ansammlung niedriger Häuser, die in dem typischen apricotfarbenen Ton gestrichen sind. Die Anlage gleicht eher einem Skulpturenpark als einem Grenzposten. Zwischen den Häusern wächst saftiger Rasen, die Zementwege sind mit Blumenbeeten eingefasst.

Dominiert wird das Gelände von mehreren gemauerten Schreinen. Da ist einer, in dem eine lebensgroße Statue des meditierenden Buddhas sitzt, ein kleinerer Schrein für die *naga*, jene siebenköpfige Schlange, die den Buddha beim Meditieren vor Sturm und Regen schützte, indem sie ihre Köpfe als Dach über ihm ausbreitete. Und ein weiterer Schrein, in dem eine Figur mit einem Schnurrbart und einer Keule in der Hand steht, die ich nicht deuten kann – wahrscheinlich ist sie ein *neak ta*. Vor jedem Schrein steht eine mit Sand gefüllte Vase, in der unzählige Räucherstäbchen qualmen. Deren Geruch vermischt sich mit jenem von Frangipani-Blüte und Bougainvilleabüschen. Es ist der Grenzposten einer Nation, deren Selbstverständnis in seiner Vergangenheit ruht, in seinen unzähligen Fabeln und Legenden.

Ganz anders der vietnamesische Grenzposten, den wir einige Minuten später erreichen. Es ist ein Ponton, der am Ufer vertäut ist, darauf ein moderner Profanbau in Form einer Welle, mit getönten Fenstern, die Wände gespickt mit Lautsprechern. Im Inneren werden wir aufgefordert, in einem Wartesaal Platz zu nehmen, während unsere Pässe kontrolliert und das Gepäck durch ein massiges Röntgengerät geschoben wird. An der Wand aufgehängte Plastikblumen scheitern beim Versuch, dem Raum etwas Wärme zu geben. Allein in diesem Saal zähle ich fünf Überwachungskameras. Der vietnamesische Grenzposten verweist auf eine sachliche und pragmatische Nation, die nach vorn blickt.

Kaum haben wir die Grenze überschritten, verändert sich die Landschaft vollkommen. Das Boot biegt vom Mekong in einen Seitenkanal ab. Während wir auf der kambodschanischen Seite den Fluss in meditativer Einsamkeit hinabgefahren sind, herrscht hier auf einmal ein Verkehr wie auf einer belebten Landstraße. Mit Motorrollern beladene Fähren kreuzen den Kanal. Schmale Longtailboote ziehen tuckernd an uns vorbei. Ölverschmierte Holzkähne, die mit Pumpen zur Bewässerung der Felder beladen sind, liegen vertäut. Auf einem Damm am Ufer stehen Holzhäuser, die Frontseite dem Kanal zugewandt, wie zu einer Straße hin. Sie stehen auf Stelzen und sind mit Wellblech gedeckt wie die Häuser der Kambodschaner, aber sie wirken filigraner und zerbrechlicher. Frauen mit kegelförmigen Hüten fahren auf Fahrrädern am Ufer entlang, Kinder springen ins Wasser und rufen »Hello! Hello!«. Am Ufer treiben Reihen von leeren Plastikflaschen im Wasser, die signalisieren, dass hier ein Netz gespannt ist. Überall sieht man Baumaschinen, an Land und auf Pontons im Wasser. Als unser Boot aus einem Kanal in den Fluss Bassac abbiegt, schieben sich tief im Wasser liegende Frachtkähne mit sandgefüllten Bäuchen an uns vorbei. Ihr Bug ist mit aufgerissenen Augen bemalt, die Geister erkennen sollen. In Chau Doc fahren wir an schwimmenden Häusern vorbei, gebaut auf Bündeln von Bambus und auf Ölfässer. Diese Häuser haben einst den vietnamesischen Familien gehört, die von den Khmer Rouge aus Kambodscha vertrieben wurden und in ihrer Heimat kein Land zum Leben fanden, erklärt der Bootsführer. Dann schiebt sich der Bug mit einem knirschenden Geräusch in den Sand der Anlegestelle. Willkommen in Vietnam.

Auf der Suche nach Greeneland

Es war ein großer Fehler, meine Graham-Greene-Erfahrung in Ho-Chi-Minh-Stadt ausgerechnet im Dezember machen zu wollen: Über der Dong Khoi, die einst Rue Catinat hieß und der Haupthandlungsort von Greenes Roman »Der stille Amerikaner« ist, hängen riesige Weihnachtssterne. Die Stämme der Bäume entlang der Straße, die einst von französischen Stadtplanern gepflanzt wurden, sind mit Netzen aus roten LEDs umwickelt. Ein Mädchen mit Santa-Claus-Mütze, roten Lackstiefeln und rotem Minirock mit weißem Pelzimitat reicht mir die Hochglanzbroschüre einer britischen Bank. Oh Greeneland, wo bist du? Zwischen all den blinkenden LEDs und beleuchteten Schaufenstern kann ich mir nur schwer vorstellen, wie die Straße ausgesehen haben mag, als Greene hier lebte. Ich frage mich, ob er auch heute noch eine Liebeserklärung an Vietnam schreiben würde? Der Autor erinnert sich in seiner Autobiografie »Ways of Escape«:

Es war Zufall, dass ich mich in Indochina verliebte, nichts war ferner von meinen Gedanken auf meiner ersten Reise, als dass ich einen Roman hier spielen lassen würde. Der Zauber war erstklassig, denke ich, durch die hochgewachsenen eleganten Mädchen in weißen Seidenhosen, durch das silberne Abendlicht auf den Reisfeldern, auf denen die Wasserbüffel Fesseltief mit einem langsamen, urzeitlichen Gang trotteten, durch die französischen Parfümerien in der Rue Catinat, die chinesischen Spielhöllen in Cholon und, vor allem, durch dieses Hochgefühl, das ein Maß von Gefahr jenen Besuchern mit einem Rückflugticket gibt.

Französische Parfümerien? Elegante Mädchen in weißen Seidenhosen? Nein, die heutige Dong Khoi erinnert auf den ersten Blick nur noch wenig an die Rue Catinat, die Greene vor sechzig Jahren vorfand. Heute sind dort Reisebüros und Louis-Vuitton-Shops. Wo sind jene lieblichen Frauen, die in ihren Seidengewändern die Straße entlangschweben sollen? Die *ao-dais*, die traditionellen Gewänder der vietnamesischen Frauen, sieht man in der Dong Khoi zwar überall. Vor jedem Geschäft stehen schöne Frauen, die Flyer mit Weihnachtsangeboten für Handtaschen aus Krokodilleder oder Herrenarmbanduhren verteilen und »Mister, you want to come inside?« fragen. Auch den süßlichen Dunst von Opium wird man in Ho-Chi-Minh-Stadt heute nicht mehr riechen. Stattdessen ist Chrystal Meth die neue Droge hier. Gefahr droht allerdings noch – heute allerdings weniger von den kommunistischen Guerillas als vielmehr von den unzähligen Motorrollern. Nur wenn man sich etwas Zeit nimmt und genauer hinsieht, findet man doch noch etwas Saigon in Ho-Chi-Minh-Stadt, etwas von der Rue Catinat in der Dong Khoi.

Da ist das »Hotel Majestic« am Ende der Dong Khoi, an der Kreuzung, an der die Straße auf die Tong Duc Than trifft, die einst Quai de Belqique hieß – das Hotel, in dem Greene bei seinen Besuchen meist wohnte und in dem er angeblich die erste Fassung von »Der stille Amerikaner« schrieb. Heute ist das Gebäude restauriert und erstrahlt in einem Glanz, von dem Greene damals nur träumen konnte. Auf der Dachterrasse ist eine Bar, in der die Touristen zwar nicht mehr Wermut-Cassis trinken wie zu Greenes Zeiten, sondern Mojitos, während sie über den sumpfigen District 2 zu den neuen Apartmentblocks im Nordosten blicken. Trotzdem: Wenn abends eine Brise durch die aufgeheizte Stadt weht, kann man sich den Autor vorstellen, wie er mit einem Drink in der Hand über das Wasser zu den Bananenplantagen und Kokosnusspalmen blickte, die des Nachts von den Viet Minh kontrolliert wurden, wie er die Schiffe beobachtete, die in ihren Bäuchen amerikanische Flugzeuge zum Hafen von Saigon transportierten. Die Weihnachtsmusik muss man natürlich ignorieren.

Falls Sie das Buch nicht gelesen haben – keine Sorge. Es wird im Touristenbezirk Pham Ngo Lao von jungen Mädchen in riesigen Stapeln als Raubkopie durch die Straße getragen. Ich habe noch keinen Vietnam-Reiseführer in den Händen gehalten, in dem das Buch nicht als Pflichtlektüre empfohlen wurde. Zu Recht. In dem Werk, das in den Fünfzigerjahren spielt, beschreibt Greene die Freundschaft zwischen dem alternden und zynischen britischen Journalisten Thomas Fowler und dem idealistischen Amerikaner Alden Pyle. Diese Freundschaft kippt, nachdem Pyle Fowler dessen vietnamesische Geliebte Phuong ausspannt, indem er ihr Heirat, Verlässlichkeit und materielle Sicherheit verspricht. Fowler entdeckt darüber hinaus, das Pyle unter seinem unschuldigen Äußeren ein Geheimnis trägt: Er plant, eine »Dritte Kraft« in Vietnam an die Macht zu bringen, um eine Demokratie nach amerikanischem Vorbild zu installieren. Fowler beschließt, Pyle aufzuhalten – um ein Blutvergießen im Land zu verhindern, aber vor allem um Phuong zurückzubekommen.

Fowler: Du und die Deinen, ihr versucht einen Krieg zu machen mit der Hilfe von Menschen, die schlicht nicht interessiert sind.
Pyle: Sie wollen keinen Kommunismus.
Fowler: Sie wollen genug Reis. Sie wollen nicht beschossen

werden. Sie wollen, dass ein Tag wie der andere verläuft. Sie wollen nicht unsere weißen Häute um sich herum haben, die ihnen sagen, was sie zu wollen haben.

Kaum ein Roman hat eine derartige politische Wirkung entfaltet wie »Der stille Amerikaner«. Das Buch machte den Krieg in Vietnam, der damals noch als Angelegenheit der Franzosen galt, in der Welt bekannt. Es schädigte die amerikanische Initiative nicht nur auf einer akademischen Ebene, sondern konkret, indem es den Rückhalt in den Medien, der Bevölkerung, der Abgeordneten und der alliierten Nationen untergrub. Greene prägte eine Generation von Vietnamkriegs-Journalisten wie Peter Arnett oder Neil Sheehan. Der Journalist und Pulitzer-Preisträger David Halberstam erinnert sich, wie er und seine Kollegen in den Sechzigerjahren in Vietnam in kleinen französischen Cafés saßen und über Greenes Buch redeten.

Es gab wenig Meinungsverschiedenheiten zu seinem feinen Sinn für die Tropen, seinem Wissen über den Krieg, seiner Intuition für die Zähigkeit und die Widerstandskraft der Vietnamesen ... Der Presseoffizier der amerikanischen Botschaft war besonders verbittert – er nannte es ein böses Buch, das darüber hinaus auch noch sehr effektiv war, da es so gekonnt sei.

Das Buch erwies sich als geradezu prophetisch. Greene sah voraus, welche Folgen die amerikanische Intervention im Indochinakrieg haben würde. Zehn Jahre nach Erscheinen des Buches 1955 schickten die USA die ersten Truppen nach Vietnam und verstrickten sich in einen Kampf, der bis 1975 dauern würde. Während der Operation »Linebaker« bombardierte die US Air Force nordvietnamesische Städte, die Einrichtung von »Free Fire Zones« suggerierte den Soldaten, dass das Angreifen von Zivilisten nicht nur straffrei, sondern von ihrer Führung sogar erwünscht sei. Das Entlaubungsmittel »Agent Orange« wurde versprüht und verseuchte weite Teile des Landes mit Dioxin – alles unter dem Banner von Freiheit und Demokratie. Greene machte sich wenige Freunde: Es war die Zeit des Kalten Krieges, die Zeit antikommunistischer Paranoia, die Zeit des »Wer nicht für uns ist, ist gegen uns.«

Es gab Dinge, die Greene nicht voraussehen konnte: Dass jene Spione, die er im Roman als fiktive Figuren beschrieben hatte, nun ihn und sein Werk zu Gegnern erklären würden – in der Realität. Dass er also für den Rest seines Lebens seinen eigenen Kalten Krieg mit der CIA auszufechten haben würde.

Als Greene 1951 zum ersten Mal nach Saigon kam, fand er eine Stadt vor, die ihre besten Tage hinter sich hatte. Es herrschte Krieg, die Franzosen verteidigten ihre Kolonie gegen die Viet Minh, jene vietnamesischen kommunistischen Guerillas. Fremdenlegionäre, viele ehemalige deutsche SS-Kämpfer, bestimmten das Straßenbild. Die Restaurants hatten Drahtgitter vor den Fenstern, um zu verhindern, dass Handgranaten hineingeschleudert wurden. An den Brücken waren mit Sandsäcken bewehrte Kontrollpunkte aufgebaut. Prostitution und Drogenhandel blühten. Eine französische Oberschicht pflegte ihren kolonialen Lebensstil, als könnte sie ewig so weiterleben. Die Rue Catinat war heruntergekommen, vernachlässigt während der Jahre des Vichy-Regimes und der japanischen Besatzung. Putz blätterte von den apricotfarbenen Kolonialbauten. Die Häuser strahlten immer noch die Eleganz früherer Jahre aus, doch nun mischte sich eine gewisse Zwielichtigkeit darunter: Spione, Soldaten, Journalisten und deren Prostituierte bevölkerten die Hotels – eine Atmosphäre, die Greene klar anzog.

Ich gehe weiter vom »Hotel Majestic« die Dong Khoi hoch. Die vietnamesische Stewardess, welche als Vorbild für Phoung diente, soll Greene im »Majestic« getroffen haben. Manchmal übernachtete er bei seinen Besuchen auch in einem anderen

Hotel, das ich ein Stück weiter die Straße hoch entdecke: Das »Mondial« mit der Hausnummer 109, das heute noch unter dem Namen »Catinat« existiert. Zwischen dem »Mondial« und dem »Majestic« finde ich das »Grand Hotel«, das Greene als Ort für das eher ärmliche Apartment seines Hauptcharakters Fowler wählte. Ich erwische mich selbst dabei, wie ich die Fensterreihen absuche, mich frage, hinter welchem wohl Fowler und Phoung gelebt haben könnten. Heute würde Fowler sicher nicht mehr hier absteigen – es ist ein Hotel, das so teuer aussieht, dass ich selbst kaum hineingehen würde. In den Fünfzigerjahren muss das anders gewesen sein:

Ich kam langsam die Treppe zu der Wohnung in der Rue Catinat hinauf, auf dem ersten Treppenabsatz innehaltend und ausruhend. Die alten Frauen tratschten, wie sie es immer getan hatten, auf dem Boden außerhalb des Urinals hockend, in den Linien ihrer Gesichter das Schicksal tragend wie andere in ihren Händen. Sie waren still, als ich vorbeiging, und ich fragte mich, was sie mir hätten erzählen können.

Dann öffnet sich die Dong Khoi zum Lam-Son-Platz, der zu Greenes Zeiten Place Garnier hieß. Er ist eingerahmt vom »Hotel Caravelle« im Süden, der Oper im Osten und dem »Hotel Continental« im Norden. Das letztere ist, was ich suche. Einige entscheidende Momente, sowohl im Buch als auch in Greenes Leben, haben sich an diesem Ort ereignet. Eine Bar namens »Continental Shelf« war damals der Treffpunkt für europäische und amerikanische Journalisten und Diplomaten. Die Bar gibt es nicht mehr, dafür wurde ein Café eröffnet, das »La Dolce Vita« heißt. Brandy-Soda und Wermut-Cassis stehen nicht auf der Karte, daher bestelle ich mir einen Gin Tonic und suche ich mit den Augen die andere Straßenseite nach der Milchbar ab, in der Phoung jeden Tag um 11.30 Uhr ihr zweites Frühstück aß. Aber dort sind nur die Boutiquen im Erdgeschoss des »Hotel Caravelle«. Ich versuche mir vorzustellen, wie Fowler hier zum ersten Mal Pyle traf und ihm bei einem Bier die Situation in Vietnam erklärte, während die amerikanischen Journalisten mit hochgekrempelten Ärmeln auf der Dachterrasse lärmten.

> *Er blickte zu einer Milchbar auf der anderen Seite der Straße und sagte verträumt, »Das sieht aus wie ein Soda-Siphon.« Ich fragte mich welche Tiefen des Heimwehs hinter der seltsamen Wahl der Dinge lagen, die er in einer so unbekannten Umgebung bemerkte. Aber hatte ich nicht bei meinem ersten Spaziergang die Rue Catinat hinauf zuallererst das Geschäft mit Guerlain-Parfüm bemerkt und mich mit dem Gedanken beruhigt, dass Europa nur 30 Stunden weit weg war?*

Ich stelle mir vor, wie der Platz damals aussah: Amerikanische Limousinen und französische Citröens parkten vor der Tür, Journalisten in schlecht sitzenden Anzügen diskutierten laut an der Bar. Die Gattinnen der Botschafter behielten misstrauisch ihre Handtaschen auf dem Schoß, während im Hintergrund die Cyclo-Fahrer warteten und dabei ihre sehnigen und sonnenverbrannten Beine entspannten und Tabakblätter rauchten. Allerdings stört mich etwas beim Träumen – die stampfende Musik, die aus der Bar tönt. Sind das die »Pussycat Dolls«?

Dann versuche ich mir ein anderes Bild vorzustellen: Rauch in der Luft, Citröens und Armeejeeps, die wirr über den Platz verteilt sind, die Karosserien zerknautscht wie benutzte Taschentücher, Glasscherben, über den Platz läuft Löschwasser, das sich mit Blut vermischt. Soldaten, die leblose Körper auf Laster laden. Hier explodierten im Januar 1952 zwei Zeitbomben – ein Ereignis, das Greene überhaupt erst dazu veranlasste, seinen Roman zu verfassen. Gelegt wurden die Bomben von den Männern Trinh Minh Thés, einem vietnamesischen Warlord, der sich entschlossen hatte, sowohl gegen die französischen Kolonialisten als auch gegen die Viet Minh zu kämpfen. »Wer hatte diese Banditen mit Material versorgt?«, fragte sich Greene. Seine Antwort steht in »Der stille Amerikaner«.

Im Roman nämlich träumt der Amerikaner Pyle von einer »Dritten Kraft«, einer nationalistischen Alternative zum Kolonialreich der Franzosen und zum Kommunismus der Viet Minh. Wenn diese in Vietnam an die Macht käme, wäre es nach seiner Vorstellung möglich, eine Demokratie nach amerikanischem Vorbild zu installieren. Diese »Dritte Kraft« sieht er in Trinh Minh Thé, der im Buch »General Thé« heißt – und darum versorgt er ihn und seine kleine Privatarmee heimlich mit Plastiksprengstoff.

Man gab damals sehr schnell den Kommunisten die Schuld an den Anschlägen- obwohl Trinh Minh Thé rasch die Verantwortung übernommen hatte. »Zeitbomben der Roten zerreißen Zentrum von Saigon«, verkündete eine Schlagzeile der »New York Times« am 10. Januar 1952, geschrieben von Tillmann Durdin, einem amerikanischen Reporter, der eng mit der CIA zusammenarbeitete. »Life« druckte das erschreckende Bild eines entstellten Opfers, die Bildunterschrift schob die Verantwortung für das Attentat den Viet Minh zu. Greene wunderte sich, wie »Life« zur richtigen Zeit einen Fotografen vor Ort haben konnte, wie er in seiner Autobiografie schrieb: »Der Fotograf war zum Zeitpunkt der Explosion so gut platziert, dass er ein erstaunliches und erschreckendes Bild von einem Cyclo-Fahrer aufnehmen konnte, der immer noch aufrecht war, nachdem ihm beide Beine weggerissen worden waren.«

Pyle sagte, »Es ist schrecklich.« Er blickte auf die Nässe auf seinen Schuhen und sagte mit einer elenden Stimme, »Was ist das?«
»Blut«, sagte ich. »Hast du es nie zuvor gesehen?«
Er sagte, »Ich muss sie sauber bekommen, bevor ich den Minister treffe.«

Ich blicke ins Innere des »Hotel Continental« und versuche mir noch jemanden vorzustellen. Edward Lansdale, einen CIA-Mann, Experte für Propaganda und psychologische Kriegsführung, mit knappem Oberlippenbart und entschlossen nach vorn geschobenem Kinn. Ich male mir aus, wie er in Khaki-shorts und weißen Kniestrümpfen an einem der weiß gedeckten Tische sitzt. Er erklärt den Journalisten seine Vision von Vietnams Zukunft und bietet ihnen nebenbei für ihre Arbeit jede erdenkliche Hilfe an. Bestimmt hatte er einen amerikanisch-festen Händedruck, ließ beim Essen die linke Hand unter dem Tisch und lehnte den Digestif ab, jenes Sinnbild europäischer Dekadenz, mit der Begründung, dass er noch arbeiten müsse.

Greene bestand sein Leben lang darauf, dass Lansdale nicht das Vorbild für den Charakter Pyle gewesen sei. Doch unstrittig ist, dass Pyle sinnbildlich für die Politik stand, die Lansdale vertrat. Dass die Amerikaner in die Planung der Anschläge verwickelt waren, ist eine Unterstellung Greenes – dass sie Trinh Minh Thé jedoch auf andere Weise unterstützten, ist sicher.

Greene hat Lansdale nie näher kennengelernt, doch die beiden Männer wussten viel übereinander. Lansdale erinnerte sich, dass er 1954 ein Essen mit Tillmann Durdin von der »New York Times« und seiner Frau im »Continental Hotel« hatte. Greene aß an einem Tisch zusammen mit einigen französischen Offizieren. Lansdale behauptet, dass Greene etwas zu den Offizieren auf Französisch gesagt habe – als er und die Durdins aufstanden, um zu gehen, fingen die Soldaten an, ihn auszubuhen.

Er war überzeugt davon, dass Greene den Charakter Pyle nach seinem Vorbild geschaffen habe, wie er dem Buchautor Cebil B. Currey mitteilte: »Pyle stand Trinh Minh Thé nahe und hatte einen Hund, der mit ihm überall hinging – und ich war der einzige Amerikaner, der Trinh Minh Thé nahestand, und mein Pudel Pierre ging überall hin mit mir.« Greene war bekannt dafür, dass er Hunde verabscheute, ganz wie sein Charakter Fowler.

Offensichtlich hat Lansdale den Roman nach seiner Veröffentlichung 1955 sehr genau gelesen. Er muss geschäumt haben vor Wut. Sofort hat er die Gefahr erkannt, die von dem Werk für sein Vorhaben in Vietnam ausging – und er plante Gegenmaßnahmen, ganz wie man es von einem Experten für Propaganda und psychologische Kriegsführung erwarten würde.

Schon kurz nach dem Erscheinen des Buches kaufte ein amerikanisches Studio die Filmrechte. Joseph L. Mankiewicz wurde ausgewählt, den Roman zu verfilmen – damals einer der bekanntesten Regisseure Hollywoods, unter anderem für Filme wie »All About Eve«. Er besuchte Saigon 1956, um nach Drehorten zu suchen. Ahnungslos nahm er die Hilfe von Lansdale an, den er für einen Angestellten des International Rescue Committee hielt. Dieser erklärte ihm seine Sicht der politischen Lage in Vietnam und überzeugte Mankiewicz, die kritische Aussage des Buches abzuändern. In einem dreiseitigen Brief an Mankiewicz von 1956 gab er zu, dass General Thé die Anschläge geplant und sich sogar in einer Radioübertragung zu ihnen bekannt hatte. Er empfahl Mankiewicz allerdings gleichzeitig, den Kommunisten die Verantwortung für die Tat zu geben. Er versicherte ihm, dass »nicht mehr als ein oder zwei Vietnamesen, die noch leben, die Wahrheit dieser Angelegenheit kennen, und die werden es sicherlich niemanden erzählen«. Daher solle er »einfach weitermachen und schließlich enthüllen, dass die Kommunisten es getan haben und sogar die Radioübertragung gefälscht haben«.

Als der Film in die Kinos kam, hatte er nur noch wenig Ähnlichkeit mit Greenes Werk – er war zu einem amerikanischen Propagandastück geworden. Pyle, der in dem Film nur als »der Amerikaner« bezeichnet wird, ist nun kein CIA-Agent mehr, sondern ein amerikanischer Entwicklungshelfer. Gespielt wird er von einem echten amerikanischen Helden, dem Weltkriegsveteranen Audie Murphy, der jede militärische Auszeichnung erhielt, die die USA zu vergeben hatte – und der sich übrigens bei seiner Ankunft in Saigon als Erstes eine Waffe sowie fünfhundert Schuss Munition besorgte, um sich »gegen Kommunisten verteidigen« zu können. Der Bombenanschlag wurde natürlich als Werk der Kommunisten dargestellt. In der entscheidenden Szene, dem Attentat auf dem Place Garnier, rückt der Amerikaner nun mit einem Krankenwagen der United States Christian Mission an, um sich um die Verwundeten zu kümmern. Während Fowler, der von den Kommunisten in die Irre geführt wurde, zwischen den Trümmern steht und den Amerikaner fälschlicherweise einer Verwicklung in das Blutbad beschuldigt, ruft dieser empört: »Warum hältst du nicht ein einziges Mal in deinem Leben den Mund und hilfst jemandem?«

Nicht nur das. Der Film enthielt außerdem ein paar eindeutige Seitenhiebe auf Greene. In einem der letzten Dialoge erklärt Vigot, ein französischer Polizist, die Kommunisten hätten jemanden gebraucht, »der geschickt mit Worten ist«, jemand, der »eine Fiktion schreibt, eine Unterhaltung«. Als Fowler klar wird, dass er von den Kommunisten benutzt worden ist, um den Amerikaner töten zu können, bleibt er zurück als ein einsamer, erbärmlicher, in Selbsthass versinkender Schreiberling – stellvertretend für Greene. Natürlich wird er schließlich auch von seiner vietnamesischen Geliebten verlassen.

Lansdale hatte seine Rache bekommen. Noch vor Erscheinen des Films verbot die südvietnamesische Regierung das Buch, gab aber den Dreharbeiten für den Film volle Unterstützung. Nicht erhältlich blieb das Buch in Saigon bis zum Einmarsch der Kommunisten 1975.

Der Kalte Krieg ist heute vorbei, Lansdale und Greene sind verstorben. Doch wie aktuell der Stoff noch ist, zeigte sich 2001, als das Buch ein zweites Mal verfilmt wurde, diesmal von Philip Noyce und getreu der Vorlage. Am 10. September fanden Vorführungen vor Testpublikum statt, die Resultate waren positiv. Doch dann, am 11. September, änderte sich die Welt. Gerade in New York wollten die Leute keinen Film mehr sehen, der die amerikanische Außenpolitik kritisierte. Miramax, die Produktionsfirma, die unter anderem »Pulp Fiction« und »Good Will Hunting« produziert hatte, verlor das Vertrauen in den Film – lange schien es, als würde er nie in die Kinos kommen. Eine neue Zeit, in der wieder der Satz »Wer nicht für uns ist, ist gegen uns« galt, war angebrochen. Schließlich fand der Film 2003 doch noch einen Vertrieb, nachdem er erfolgreich auf einem Filmfestival gezeigt worden war und der Hauptdarsteller Druck ausgeübt hatte.

Ich stehe auf und zahle, lasse das »Continental Hotel« zurück und laufe weiter die Dong Khoi hinauf. Im gleichen Gebäude hat »Mai's« eröffnet, die teure Boutique einer Vietnamesin, die nach der Machtergreifung der Kommunisten auf einem Boot nach Australien flüchtete und später als Designerin zurückkehrte. Unter ihren Kreationen findet sich ein alter amerikanischer Armeemantel, auf dessen Rückseite eine amerikanische Flagge gestickt ist, teilweise verdeckt von dem Gesicht Richard Nixons, der wütend in ein Mikrofon spricht. Der Preis: 3500 Dollar. Andere Kreationen tragen das Gesicht Ho Chi Minhs – der Krieg ist in Ho-Chi-Minh-City Popkultur geworden.

Ich gehe weiter in Richtung der Kathedrale Notre Dame, die das Ende der Dong Khoi markiert. Aus Neugierde biege ich von der glitzernden Dong Khoi ab in einen der schattigen, feuchten Durchgänge. Hier ist der Lärm der Motorroller nicht mehr so laut zu hören. Eine Katze streicht mir um die Beine. Und plötzlich sehe ich in einem der dunklen Durchgänge ein rostiges Schild, vergessen seit Jahrzehnten: »Advocat, 3ème etage« steht da. Und ich meine, das Geklapper der Würfel bei einem Spiel »Quatre Cent Vingt-et-un« zu hören. Ich habe es doch noch gefunden: Greeneland.

Cyclo

Einen großen Vorteil hat Asien: Wenn man jemanden kennenlernt, gibt es kein verkrampftes Herumsuchen nach einem gemeinsamen Gesprächsthema. Verspannte Fahrstuhl-, Friseur- und Taxifahrer-Konversationen sind in Vietnam, Laos und Kambodscha völlig unbekannt. Stattdessen kann man sich ganz entspannt dem asiatischen Standard-Kennenlern-Gespräch hingeben.

Ein Beispiel: In Ho-Chi-Minh-Stadt lernte ich Herrn Thuong kennen, ein Cyclo-Fahrer. Als ich die Pham Ngo Lao, die Backpackerstraße, hinunterging, sprang er aus dem Sitz seines Cyclos auf – eine Fahrradriksha mit drei Rädern, in welcher der Passagier in einem sesselartigen Sitz vor dem Fahrer sitzt. Er war ein zierlicher Mann, mit Falten im Gesicht, die so tief wie Gräben waren. Er hatte einen stoppeligen Bart, lustige Augen, und auf dem Kopf trug er einen zerknautschten Stoffhut. »Do you want me to take your around?«, fragte er.

Eigentlich bleibe ich nicht stehen, wenn mich jemand auf der Straße anspricht. District 1 von Ho-Chi-Minh-Stadt ist »Hello-Hello«-Land – man wird ständig angesprochen, ob man nicht Raubkopien von Reiseführern oder Zigaretten kaufen wolle. Doch Herr Thuong überraschte mich mit seinem guten Englisch, das ich einem Mann von seinem sozialen Status nicht zugetraut hätte. »I give the best tours!«, sagte er. »Look, they put me on this magazine.« Er hielt ein Stadtmagazin hoch, auf dessen Titel ein Cyclo-Fahrer abgebildet war – ob tatsächlich er es war, ließ sich schlecht sagen.

In einem Cyclo durch Saigon zu fahren ist so ziemlich das Touristischste, was man machen kann. Doch Herr Thuong wollte meine Bedenken weiter zerstreuen und zog ein Notizbuch hervor. Unter den handschriftlichen Eintragungen in vielen Sprachen fand sich auch der Kommentar von einigen deutschen Gästen: »Herr Thuong hat uns Ecken von Saigon gezeigt, die wir sonst nie zu sehen bekommen hätten.«

Er spürte, dass mein Misstrauen noch immer nicht ganz verflogen war. Deshalb zog er seine letzte und vernichtendste Waffe: In seinem Notizbuch lag ein Foto, das sorgsam in Klarsichtfolie eingeschweißt war. Es zeigte ihn in jungen Jahren, in einer Uniform und mit züchtigem Seitenscheitel. »That's me!«, sagte er. »American Army.« Natürlich war er nicht Soldat der US Army gewesen, aber er hatte den Sprachgebrauch der kommunistischen Sieger übernommen, die südvietnamesische Kämpfer gern als »amerikanische« Soldaten bezeichneten, als seien sie nie Vietnamesen gewesen. Dass die Cyclo-Fahrer in Saigon zum großen Teil ehemalige Soldaten der südvietnamesischen Armee waren, die ihre guten Englischkenntnisse nutzten, um heute Touristen durch die Stadt zu führen, hatte ich bisher für Reiseführerhalbwissen gehalten. Aber anscheinend war da etwas dran. Jetzt hatte Herr Thuong mich.

Er schwang sich in seinen Sitz und steuerte sein Cyclo in den Verkehr. Inmitten der heulenden Motos wirkte das Fahrrad wie ein behäbiger Dinosaurier in einer Welt voller flinker Säugetiere. In Deutschland hätte jetzt ein angespanntes Taxifahrer-Gespräch begonnen. »Wie läuft das Geschäft?«, würde man fragen. Oder »Na, heute schon lange unterwegs?« Doch in Asien ist das nicht nötig.

Herr Thuong musste sich herunterbeugen, um mit mir zu sprechen.

»Did you eat already?«, fragte er.

»Yes, yes«, antwortete ich. Eine andere typische Eröffnung wäre »Where do you go?« gewesen, aber das erübrigte sich bei mir und Herrn Thuong ja.

Es folgte die zweite Frage. »Where are you from?« Ich sagte: »Germany.« In Asien macht es Spaß, zuzugeben, dass man Deutscher ist. Den Zweiten Weltkrieg interessiert hier niemand, vom Holocaust hat man noch nichts gehört. Deutsche Gäste gelten als unkompliziert, freundlich und pflegeleicht.

»Germany«, wiederholte er. »Very good!« – »Mi'ael Ballack.«

Michael Ballack. Den Fußballspieler kennen sie alle, weil er beim FC Chelsea London gespielt hat. Auf die englische Premiere League wetten die Südostasiaten am liebsten. Ich nickte zustimmend. Wir fuhren schweigend weiter.

»'itler!«, sagte Herr Thuong. Was? Ich verstand ihn nicht. Noch mal: »'itler«. Ach so. Hitler. Ja, auch ein Deutscher. »A great man!«, sagte er.

Oje, war ich an den einzigen Nazi-Cyclo-Fahrer in Saigon geraten? Wahrscheinlich nicht – es handelte sich lediglich um eine spezielle Form der asiatischen Höflichkeit. Ich bin Deutscher, Hitler war Deutscher, folglich war es nach Herrn Thuongs Einschätzung richtig, etwas Nettes über den Gröfaz zu sagen.

Er bog an einer roten Ampel ab, der Verkehrspolizist schien kein Problem damit zu haben. Cyclo-Fahrer besitzen eine gewisse Narrenfreiheit im Straßenverkehr. Vielleicht lohnt es sich nicht, sie anzuhalten, weil sie zu wenig Geld haben.

»How old are you?«, fragte Herr Thuong nun. »Are you married?«, bohrte er weiter. Schon vor dieser Frage hatte er einen flüchtigen Blick auf meine Hände geworfen, um nachzusehen, ob ich einen Ring am Finger trage. Ich bin so froh, dass ich einen habe. Ich rate dazu, in jedem Fall auf diese immer wiederkehrende Frage mit »ja« zu antworten, insbesondere, wenn man mit einem Lebenspartner reist. Die Möglichkeit, dass es Menschen geben könnte, die nicht heiraten oder keine Kinder haben wollen, wird gar nicht erst in Betracht gezogen. Hier hat man noch nie etwas vom deutschen Begriff der Selbstverwirklichung gehört. Es gibt nur einen Grund, unverheiratet zu bleiben: zu wenig Geld. Ihr Gesprächspartner wird Sie in diesem Fall mitleidig anlächeln und das Thema übergehen. Falls Sie mit »nein« antworten, folgt bei einem Mann allerdings unweigerlich die Frage, ob man vielleicht eine Vietnamesin kennenlernen möchte.

Herr Thuong machte weiter. »Do you have any children?« Die richtige Antwort ist auch hier »ja«. Falls Sie keine Kinder haben, antworten Sie am Besten mit »noch nicht«. Falls Sie tatsächlich welche haben, sollten Sie unbedingt ein paar Bilder von ihnen mitbringen. Diese werden dann herumgereicht, und Sie werden viele Komplimente für die Nasen ihrer Kinder ernten. Zum Glück bin ich verheiratet und habe drei Kinder.

Drei Kinder! »Me too!«, rief Herr Thuong. »Three kids!« Den Rest der Fahrt verbrachten wir nun in einem warmen Gefühl der Verbundenheit. Er fragte mich weiter aus: Wie viele Jungen, wie viele Mädchen? Wie alt ist das Mädchen? Bei jeder Antwort schien er mein Glück zu teilen.

Wie anders wäre das Gespräch verlaufen, hätte ich ihm gesagt, dass ich nicht verheiratet bin. Er hätte angenommen, dass mich keine Frau haben will. Noch schlimmer: Verheiratet sein, aber keine Kinder haben. Da es aus asiatischer Sicht unvorstellbar ist, keine Kinder haben zu wollen, wäre die einzige mögliche Erklärung gewesen … nun ja – dass ich beim Versuch gescheitert war. Wir hätten in einem unangenehmen Schweigen verharren müssen, da er zu höflich gewesen wäre, das Thema zu vertiefen. Nicht, dass es für dieses Problem nicht unzählige Hausmittel gäbe, die man hätte erörtern können – vom mit Wodka vermischten Blut einer frisch getöteten Schlange bis hin zu einer jüngeren Geliebten. Aber ich sage es immer wieder – und ich werde dieses Pferd noch zu Tode reiten – Singles sollten sich einen Ehepartner und drei Kinder zulegen, bevor sie nach Asien reisen. Es macht so viele Dinge einfacher.

Herr Thuong hielt vor einer Pagode und ließ mich aussteigen. Als ich von meiner Besichtigung zurückkehrte, hockte er neben dem Cyclo auf dem Bordstein und rauchte eine Zigarette. Das Leben der Cyclo-Fahrer besteht zum größten Teil aus Warten in der Hitze, und dabei läge es nun nahe, dass sie sich in den bequemen Passagiersitz setzen. Aber ich sehe sie immer nur am Bordstein auf ihren Hacken hocken. Vielleicht glauben sie, dass das Lümmeln im Passagiersitz Unglück bringt?

Während wir uns wieder in Bewegung setzten, dachte ich über Herrn Thuongs Fragen nach. Sie klangen derart vertraut; bestimmt hatte ich schon hunderte Mal eine ähnliche Konversation in Südostasien geführt. Es ist, als hätten sich Vietnamesen, Laoten und Kambodschaner abgesprochen, wie sie ausländische Gäste zu empfangen haben. Was ist der Sinn dieser Standardkonversation? Ich glaube, es ist ein Abtasten, wie man sein Gegenüber einzuschätzen hat. In allen drei Gesellschaften ordnen sich die Menschen in eine Hierarchie ein, schon durch die Anreden wie »älterer Bruder«, »Onkel« und ähnliche. Wenn sich zwei Unbekannte treffen, müssen sie erst einmal herausfinden, wer in der Hierarchie weiter oben steht. Und das tun sie, indem sie sich jene Faktoren mitteilen, die über die Position in der Hierarchie entscheiden: Alter, Familienstand – und das Einkommen.

Zum Abschluss der Konversation kam noch ein Paukenschlag von Hern Thuong: »How much money do you earn per month?« Subtilität ist keine asiatische Stärke. Die Frage überraschte mich in ihrer Direktheit, sodass ich etwas zu lange nach einer ausweichenden Antwort suchte. Herr Thuong verdiente mit Sicherheit nur einen Bruchteil des Geldes, das ich verdiene. Und ich weiß, dass es keinen Sinn macht, auf steuerliche Abgaben und die höheren Lebenskosten im Westen hinzuweisen – das klingt ziemlich abstrakt in asiatischen Ohren. »Nicht genug«, sagte ich schließlich.

Er lachte.

Ein vergessener Ort

Die Straße von Ho-Chi-Minh-City nach Bien Hoa. Inein-
ander verschlungene Zubringer leiten den Verkehr aus dem
Inneren der Stadt in diese marktwirtschaftliche Hauptschlag-
ader Vietnams. Busse und mit Containern beladene Lastwagen füllen die Straße, zwischen ihnen Motorroller, deren Fahrer sich per Mundschutz vor Staub und Abgasen zu schützen
versuchen. Der Lärm und die Dämpfe lassen den Kopf klir-
ren. Die Straße scheint eingefasst von Bauzäunen. Hinter mit
Stacheldraht gekrönten Stahlzäunen warten Baumaschinen auf
den nächsten Auftrag wie Löwen auf die Fütterung.

Und inmitten der Hektik des wirtschaftlichen Aufschwungs
liegt ein stiller Ort, den nur wenige Vietnamesen und Touristen kennen.

Nach etwa fünfzehn Kilometern biegt zwischen zwei
Materiallagern eine unscheinbare und ungeteerte Seitenstraße
nach links ab. Die Lastwagen einen nahes Ziegelwerks haben
Schlaglöcher so groß wie Bombenkrater in den Weg gefres-
sen, die sich nun mit braunem Wasser gefüllt haben. Doch wer
sich an diesen Tümpeln vorbeigedrückt hat, steht vor einem
überraschenden Anblick.

Der Torbogen eines vietnamesischen Tempels, nach traditioneller Art mit einem Ziegeldach gedeckt, dessen vier Ecken nach oben gebogen sind. Auf dem Dach wächst strohiges Gras, wie eine ungepflegte Frisur. Regenwasser hat den Putz ausgewaschen, die Wände sind mit Moosen und Algen bewachsen. Von diesem Tor führt eine breite Treppe den Hang hinauf, doch sie ist kaum begehbar: Dünne Bäume wachsen mitten auf der Treppe und bilden eine Wand aus Blättern, als wollten sie unerwünschten Besuchern den Durchgang versperren. Ihre Wurzeln haben die Gehwegplatten gesprengt, Gras wächst in den Spalten.

Kein Straßenschild verweist auf diesen Ort, kein Taxifahrer kennt ihn, er ist auf keiner Karte verzeichnet, und selbst wenn man die Menschen, die in seiner unmittelbaren Umgebung leben, nach ihm fragt, erntet man oft nur fragende Blicke. Ich selbst bin in einem Nebensatz in einem Geschichtsbuch auf ihn gestoßen und habe ihn letztendlich nur mit Hilfe der Satellitenbilder von Google Earth und nach vielem Herumfragen in Ho-Chi-Minh-Stadt finden können. Dass dieser Ort unbekannt bleibt, ist gewollt. Denn es ist der Eingang zum Friedhof von Bien An, ein vergessener Ort, an dem vergessene Menschen begraben liegen: die Soldaten der unterlegenen Armee Südvietnams.

Vor fünfunddreißig Jahren, vor dem Sieg der nordvietnamesischen Truppen über den Süden, sah dieser Ort noch ganz anders aus. Er wurde 1966 vom damaligen Präsidenten der südvietnamesischen Republik Nguyen Van Thieu eingeweiht. Der wollte einen Heldenfriedhof schaffen, um jene Vietnamesen zu ehren, die im Kampf gegen den kommunistischen Norden gefallen waren. Die Anlage liegt an der Straße nach Bien Hoa, damals einer der wichtigsten Stützpunkte der Amerikaner, eine kleine US-amerikanische Stadt mit Bowlingbahnen, Kinos und Hamburger-Bars. Zu dieser Zeit war der Friedhof noch von Reisfeldern umgeben, der sanfte Hügel, auf dem er angelegt wurde, war weithin sichtbar.

Am bemerkenswertesten an der Anlage war eine Bronzestatue. Sie stand an der Ecke, an der die Straße vom Friedhof her auf die Nationalstraße trifft: Ein Soldat, der erschöpft auf einem Felsen sitzt, sein Gewehr vom Typ M-1 auf den Knien, sein amerikanischer Stahlhelm ein wenig in den Nacken gerückt, die Riemen baumeln lose herunter, der Blick ist leer und in die Ferne gerichtet: der »Trauernde Soldat«. Für ein Kriegsdenkmal war es ein ungewöhnlich sentimentales Werk. Der Künstler hatte sich vom Anblick eines Unteroffiziers inspirieren lassen, den er in einem Geschäft in der Nähe des alten Soldatenfriedhofs in Saigon Bier mit einem imaginären Kameraden trinken sah – der Soldat kam gerade von dessen Beerdigung.

In einem Land, in dem der Glaube an das Übernatürliche derart stark verwurzelt ist wie in Vietnam, überrascht es nicht, dass die ungewöhnlich lebendig wirkende Statue zu einer Legende wurde. In den Dörfern, die den Friedhof umgeben, erzählte man sich Geschichten von dem Geist eines Soldaten, welcher der Statue »Trauernder Soldat« ähnlich sehe. Er würde niemals Menschen bedrohen, sondern nur nach Wasser fragen, besonders während der Hitzeperiode. Einmal habe er Frauen geholfen, die von Vergewaltigern bedroht worden seien, indem er die Angreifer durch sein Erscheinen erschreckt und verjagt habe. Während der Tet-Offensive 1968 soll er durch sein Erscheinen ein Bataillon der ARVN-Marines vor einem Hinterhalt nordvietnamesischer Truppen gewarnt haben.

Der trauernde Soldat verlor den Krieg. Im April 1975 rollten nordvietnamesische Panzer durch das Tor des Präsidentenpalastes in Saigon. Nur wenige Stunden nach dem Fall Südvietnams rissen die Soldaten die Statue von ihrem Sockel. Am Eingang des Friedhofes wurde ein Schild aufgehängt: »Hier bekamen die falschen Soldaten, was sie verdienten.« Lange Zeit war der Friedhof unzugänglich, von einer hohen, mit Stacheldraht bekränzten Mauer umgeben – Angehörigen der Soldaten war es verboten, die Gräber ihrer Eltern und Geschwister zu pflegen, die auf der »falschen« Seite gekämpft hatten. Heute ist der Friedhof der letzte seiner Art, wobei die Anlage nur aufgrund ihrer abgelegenen Lage und ihrer schieren Größe erhalten geblieben ist. Andere Soldatenfriedhöfe der südvietnamesischen Armee wurden planiert und in Industrieanlagen, Parks oder Spielplätze umgewandelt. Der Friedhof von Bien An verfiel. Als in den Neunzigerjahren das Wirtschaftswachstum einsetzte, kreisten Industrieparks, Bauhöfe und Materiallager den Friedhof ein, auf einem Teil des Geländes wurden eine Ziegelei und ein Wasseraufbereitungswerk eingerichtet. Die Menschen, die hier beerdigt sind, gerieten in Vergessenheit.

Vergessen wurden sie nicht nur von den Feinden, sondern auch von den einstigen Verbündeten. Sowohl die Amerikaner als auch die heutige vietnamesische Führung neigen dazu, den Krieg als einen Konflikt zwischen US-Soldaten und Kommunisten darzustellen. Doch die Wahrheit ist: Es war ein Bürgerkrieg, in dem auf beiden Seiten vor allem Vietnamesen kämpften und starben und in dem die amerikanische Einmischung nur ein Nebenaspekt war. Die wenigsten wissen, dass die Verluste der ARVN mit 20 000 Toten mehr als viermal so hoch waren wie jene der Amerikaner. Es gibt unzählige Bücher und Filme über die US-Soldaten im Vietnamkrieg. Manche stellen sie als Helden, manche als Mörder und manche als normale Menschen dar – aber alle legen Wert darauf, dass man sich an die Gefallenen erinnert. Die vietnamesische Regierung unterstützt die amerikanischen MIA-Teams noch heute bereitwillig bei der Suche nach vermissten US-Soldaten. Umgekehrt gibt es keinerlei Initiative, um das Schicksal vermisster ARVN-Soldaten aufzuklären. Das Erinnern erfolgt selektiv: Schlachten, welche die ARVN allein geschlagen haben, sind heute vergessen. Schlagwörter wie Hamburger Hill und Khe Sanh sagen hingegen den meisten etwas. Aber wer hat schon von der Schlacht um Kontum gehört?

Immerhin, etwas ändert sich. 2006 wurde der Friedhof von den Behörden wieder freigegeben – das Tor ist wieder offen.

Am Eingang sitzt ein freundlicher Mann in einem hellblauen Hemd. Er weist den Besucher geduldig darauf hin, dass dies kein Soldatenfriedhof mehr sei, sondern heute ein »ganz normaler Friedhof«. Trotzdem möchte er einen Pass sehen und schreibt die Daten aller Besucher in eine blaue Kladde – ungewöhnlich für einen »ganz normalen Friedhof«. So verfährt die Politik der Kommunistischen Partei mit den toten Feinden von einst: Man erklärt ihren Friedhof zu einem normalen Gräberfeld und die gefallenen Soldaten damit zu »normalen« Toten.

Die Wege des Friedhofes sind unter vertrockneten Blättern vergraben. Braune Kühe grasen zwischen den Grabsteinen. Überall sind kleine Bäume auf dem Gelände gewachsen, man hört das Rauschen ihrer Blätter und das Rascheln des hohen Grases, in dem die Gräber versteckt liegen. Die meisten sind nur längliche Haufen aus lehmiger Erde, mit einem schlichten Grabstein aus Zement am Kopfende, einige Gräber aufwendige, aus schwarzen Granitplatten gefertigte Schreine. In viele Grabsteine ist das Gesicht des Bestatteten eingraviert, meistens sind es junge, schüchtern lächelnde Männer mit Seitenscheitel. Manche Gräber zeigen Spuren von Verwüstung: Aus den Bildern wurden die Augen der Toten herausgeschlagen, einige Grabsteine haben Einschusslöcher.

Dann zeigt sich, dass die Soldaten doch nicht ganz vergessen sind. Auf manchen Gräbern stehen Vasen mit gelben Blumen, frische Räucherstäbchen qualmen. Andere Gräber wurden aufwendig renoviert. Die Vorstellung, dass es Menschen gibt, die auch nach Jahrzehnten diese Toten nicht vergessen haben, ist tröstlich. Was der Geist des trauernden Soldaten wohl heute den Menschen sagen würde, denen er erscheint? Vielleicht »Vergesst nicht.«

Der Hubschrauber-Mann

Auf dem Tisch liegt ein Buch, kyrillische Schrift, die Seiten verwaschene Kopien, zusammengehalten von abgegriffenen Buchdeckeln: ein Handbuch über russische Hubschrauber. Tran Quoc Hai schlägt eine Aufrisszeichnung auf. Mit dem Finger fährt er die schwarzen Linien entlang, zeigt, wie sich die Bewegungen des Steuerknüppels auf die Rotorblätter übertragen. »Alles sind Hebel«, sagt er. Es klingt wie der Satz eines großen Philosophen.

»Sprechen Sie russisch?«, frage ich.

»Nein«, sagt er. Nur die Tabellen, in denen es um die Fläche der Rotorblätter im Verhältnis zur Umdrehungszahl gehe, habe er sich von einem Freund übersetzen lassen.

»Sie verstehen kein einziges Wort aus diesem Buch?«

»Das ist nicht nötig. Ich muss nur die Zeichnungen ansehen, und alles ist klar«, sagt er.

Und man sieht: tatsächlich, es ist ganz einfach. Hubschrauber sind keine Zaubertechnologie. Nur selbsterklärende Stangen und Gelenke. Und auf einmal erscheint es möglich. Vielleicht hat dieser dickköpfige Vietnamese recht. Vielleicht war sein Scheitern nie absehbar, sondern von Neidern herbeigeführt. Vielleicht dürfen wir träumen. Vielleicht können gewöhnliche Menschen tatsächlich einen Hubschrauber bauen und davonfliegen.

Tran Quoc Hai ist fünfzig Jahre alt. Er hat sein ganzes Leben auf dem Land verbracht und nie studiert. Als Lebensunterhalt repariert, konstruiert und verleiht er Landmaschinen. Doch seine Liebe gilt den Hubschraubern. Er hat zwei davon mit eigenen Händen gebaut.

Und dann ist er durch eine Wendung des Schicksals zu einem international bekannten Künstler geworden. Einer seiner Helikopter befindet sich heute im Besitz der höchsten aller hohen Hallen der Modernen Kunst – dem Museum of Modern Arts in New York. Er hat seine Fluggeräte auf Kunstausstellungen in Australien, Singapur, Korea, Österreich, den USA und Kanada gezeigt.

Das ist nun etwas, auf das sich die meisten Menschen viel einbilden würden. Doch nicht Tran Quoc Hai. Mit ihm ist es einfacher, über Hubschrauber zu sprechen als über Kunst. »Kunst und Erfinden haben viel gemeinsam, beides braucht Leidenschaft«, sagt er lakonisch. Dann ist er wieder bei seinem Lieblingsthema. Sein nächstes Modell werde zwei übereinandermontierte Rotoren haben, wie der russische KAH-50, dadurch werde er dreißig Prozent der Antriebsenergie einsparen. Und veranschaulicht mit einer Zigarettenschachtel der Marke »Jet« und einem Handy, wie sich die Rotoren in entgegengesetzte Richtungen drehen werden.

Er wohnt in Soui Day, einem winzigen Dorf im Süden von Vietnam. Drum herum liegen Zuckerrohrfelder und Kautschukplantagen, bis zum Horizont. Nichts in seinem Haus deutet darauf hin, dass er ein gemachter Mann und in ganz Vietnam bekannt ist. Er hat seine Hubschrauber für 100 000 US-Dollar das Stück verkauft. Ein chinesischer Konzern bot ihm die Leitung seiner Entwicklungsabteilung für Landmaschinen in Hanoi an. Er entschied sich allerdings dafür, lieber die Führung einer kleinen Manufaktur in der Gegend zu übernehmen. Sein Haus ist nur ein schmuckloser Backsteinbau mit Wellblechdach und blankem Betonfußboden, nicht mehr als eine Garage mit einer Küche und zwei kleinen Schlafzimmern darin. Ein blauer Traktor der Marke Ford 400 hängt in Ketten von einem Gestell herab, die Zahnräder des Getriebes quellen aus der Karosserie hervor, er wirkt wie ein geschlachtetes Tier. Dazwischen laufen Hühner herum. Der einzige Hinweis auf Wohlstand ist ein amerikanisches SUV Ford Explorer vor der Haustür. »Ein Wissenschaftler nutzt nur das, was er braucht«, sagt er.

Wenn man einen Vietnamesen »Kennen Sie Tran Quoc Hai?« fragt, wird er wahrscheinlich ratlos den Kopf schütteln. Aber wenn man ihn fragt »Kennen Sie Hai Lua?« – dann hat er garantiert eine Meinung. Hai Lua, das ist der Spitzname, den die Zeitungen Tran Quoc Hai gegeben haben. Es bedeutet Hai, der Bauer, das Provinz-Ei. Hai, der glaubte, er sei für Höheres geschaffen, als ein Leben lang nur Traktoren zu reparieren. Der so naiv war, dass er anfing, seinen Traum in die Tat umzusetzen. Doch in diesem Spitznamen klingt auch etwas Anerkennung mit. Hai, der nichts hatte und daraus viel gemacht hat. Hai, der nicht aufgegeben hat. Der nicht vor der Obrigkeit eingeknickt ist. Hai, das Genie.

Im von Öl schwarz gefärbten Sand der Einfahrt ruht ein Motorblock und wirkt, als wolle er vor Kraft gleich losbrüllen. Er stamme aus einem BRT-50P, einem amphibischen Schützenpanzer aus russischer Produktion. »Bekommt man überall in Vietnam«, sagt Hai. »Stark und einfach zu reparieren.« Der Motor sei für seinen nächsten Hubschrauber. Hinten, etwas versteckt in dem kleinen Hof mit den Hühnern, steht das Cockpit eines Hubschraubers mit Kufen. Es sieht aus, als käme es von einem Jahrmarkt. Ein Deutscher muss unwillkürlich an Robbi, Tobbi und das Fliewatüüt denken.

Die Geschichte von Hai Lua beginnt im Vietnamkrieg. Die Gegend war hart umkämpft. Sie liegt in der Nähe der kambodschanischen Grenze; der Ho-Chi-Minh-Pfad, der Nachschubweg der Vietcong, endete hier. Nur hundertfünfzig Meter hinter dem Haus seiner Familie befand sich eine Basis der Amerikaner. Ständig landeten hier Hubschrauber vom Typ Bell UH-1, die legendären »Chopper«. Tran Quoc Hai bewunderte die Bell UH-1. Es schienen Wundermaschinen zu sein, gebaut von einer überlegenen Kultur. »Wo kommen die her?«, fragte er seinen Vater. »Wer hat sie gebaut?«

Dann kam das Jahr 1975, der Krieg war vorbei. Die südvietnamesischen Soldaten flohen aus der Basis hinter seinem Haus, sie ließen alles stehen und liegen – auch einige Bell UH-1. Für Monate lag das Lager verlassen da, das Kriegsgerät stand im Monsun wie vergessenes Spielzeug. Er konnte einfach in die Hubschrauber hineinklettern, den Kerosingeruch der Turbinen riechen, die Steuerknüppel bewegen. Und er erkannte, dass es keine Wundermaschinen waren. Es waren mechanische Gebilde, wie die Traktoren in der Werkstatt seines Vaters. Und das hieß für ihn, auch Vietnamesen könnten Hubschrauber bauen.

Wovon träumen Männer? Sie träumen vielleicht von einer jüngeren Geliebten. Sie träumen davon, sagen zu können, dass sie es geschafft hatten. Sie träumen davon, noch einmal jung zu sein. Sie träumen davon, dem entwürdigenden Hamsterrad des Lebens zu entkommen; bis zum letzten Tag tun sie es. Doch sie träumen für gewöhnlich nicht davon, sich selbst einen Hubschrauber zu bauen – das tun nur Kinder. Jeder weiß, dass ein Helikopter eine hochkomplexe Technologie ist, die nur von spezialisierten Akademikern und großen Konzernen gebaut werden kann.

Und vielleicht ist das der Grund für Tran Quoc Hais Erfolg: Tatsächlich hat er noch heute, im Alter von fünfzig Jahren, etwas Jungenhaftes. Er ist ungewöhnlich groß für einen Vietnamesen, hat dichtes, dunkles Haar, raucht immer eine Zigarette, weil er ständig etwas in der Hand halten muss. Und steht oft etwas linkisch in der Gegend herum, wie ein gelangweilter Teenager. Er ist ein großes Kind geblieben.

Schon damals beschloss er, einen Hubschrauber zu bauen. Nicht für sich selbst, sondern für sein Land. Um zu zeigen, wozu Vietnamesen fähig sind. Es sollte nicht die Kampfmaschine einer im Überfluss lebenden Industrienation sein. Sondern ein Helikopter für ein armes Volk aus Bauern: Eine Friedensmaschine für die Armen, lächerlich billig zu bauen, einfach zu warten, um damit Pestizide auf den Feldern zu versprühen und um bei Unfällen Verletzte rasch aus den Bergen in die Krankenhäuser der Städte zu bringen.

Doch vorerst musste er warten. Sein Vater wurde enteignet und von den Kommunisten für ein Jahr ins Gefängnis geworfen. Tran Quoc Hai begann, als Sportlehrer an einer Schule zu arbeiten. Doch der Traum blieb in seinem Kopf.

Sein Land veränderte sich. *Doi moi*, die »neue Zeit« wurde ausgerufen, die Wirtschaft liberalisiert. In den Neunzigerjahren eröffnete er seine eigene Landmaschinenwerkstatt. Touristen kamen ins Land. Wann immer er Zeit hatte, beschäftigte er sich mit Hubschraubern. Er fuhr nach Ho-Chi-Minh-Stadt, um ins War Remnants Museum zu gehen. Dort standen amerikanische Touristen vor Bildern des Massakers von My Lai und durch »Agent Orange« missgebildeter Kinder und ertranken in ihren Schuldgefühlen. Er dagegen hatte nur Augen für den ausgestellten Bell UH-1. Auf dem Glastisch in seinem kargen Wohnzimmer liegen Fuji-Fotoalben mit Klarsichthüllen, wie sie von anderen Leuten für Bilder des letzten Familienurlaubs benutzt werden. Bei ihm zeigen sie Fotos von Hubschraubern: Apaches aus den USA, russische Transporthubschrauber und immer wieder rostige UH-1.

Dann hörte er Anfang des neuen Jahrtausends von einem Wettbewerb: Die Regierung vergab Stipendien an Erfinder. »Die Zeit ist reif«, dachte er. Er ging nicht davon aus, etwas von diesem Geld zu bekommen. Für ihn war es nur ein Zeichen, dass Vietnam so liberal geworden war, dass er für seinen Plan nicht mehr ins Gefängnis kommen würde. Zwei Jahre später war der erste Prototyp fertig. Er und ein Freund zogen ihn mit einem Traktor auf ein Feld. Sein Freund sollte ihn fliegen, er stand abseits, um die Rotoren zu beobachten. Doch dann, als der Prototyp einen ganzen Meter über dem Boden flog, habe auch er geschwebt, sagt er.

Er wusste, dass nun etwas passieren würde. Vietnam ist ein Land, in dem man an den Nutzen von Hierarchien und an den Respekt gegenüber Autoritäten glaubt. Man glaubt, dass jeder Mensch ein Schicksal habe, gegen das er sich nicht auflehnen·sollte. Es ist ein Land, in dem nur große Menschen Großes tun dürfen. Und Tran Quoc Hai war nur ein kleiner Mensch. Er hatte bereits vor dem Flug mit seiner Frau darüber gesprochen. Doch als das Militär kam, war er trotzdem überrascht. Sie trafen mit mehreren Lastwagen voller Soldaten ein, auf einmal schien alles grün zu sein in seiner kleinen Werkstatt. Eine Machtdemonstration.

»Wer bist du?«, herrschten ihn die Offiziere an. »Was hast du studiert? Du bist doch nur ein Bauer!«, riefen sie. »Kümmere dich um deinen Kram!«

Er hatte nichts Verbotenes getan. Doch Hubschrauber gelten in Vietnam als Kriegsgerät, Spielzeuge für Generäle und KP-Funktionäre. Den Helikopter beschlagnahmten sie. Ihm wurde schriftlich verboten, weitere Modelle zu bauen.

Dann geschah etwas, mit dem die Offiziere nicht gerechnet hatte. Sie luden den Hubschrauber auf einen Anhänger und brachten ihn zu einer Kaserne. Dort mussten sie feststellen, dass er nicht durch das Tor passte. Er blieb stecken, nichts ging mehr vor und zurück. Eine Menschenmenge versammelte sich, Journalisten reisten an. Die öffentliche Meinung war auf der Seite von Tran Quoc Hai. Die Partei sage doch immer, Vietnam müsse moderner werden, schimpfte man. Dann sei tatsächlich mal jemand kreativ – und schon werde er wie ein Verbrecher behandelt.

Also hätten sie einen neuen Weg eingeschlagen, erzählt Tran Quoc Hai. »Sie«, das sind für ihn die großen Leute, die Akademiker, die Bürokraten der Partei, die ihre Söhne zum

Studieren nach London schicken. Man habe versucht, ihn als Bauern darzustellen, der nicht wisse, was er tue. Er wurde zur Fernsehsendung »Der aktuelle Mensch« des Senders VTV1 eingeladen. In der Show sollte ein Professor aus Hanoi sein Wissen über Hubschrauber überprüfen. »Wozu ist der Heckrotor da?«, fragte ihn ihn. »Wo liegt der Schwerpunkt? Aus welchen Materialien besteht der Rotor?« Beleidigend einfache Fragen für Tran Quoc Hai. Nun war er endgültig ein Volksheld.

Den zweiten Hubschrauber baute er aus Trotz. Leichter sollte er sein. Er senkte die notwendige Umdrehungszahl des Rotors. Den Motor stellte er nun senkrecht, um ein Kardangelenk einsparen zu können. Ein Körper aus Stahlstangen sollte den Wind hindurchlassen und das Fluggerät unempfindlicher gegen Seitenwinde machen.

Als er fertig war, verweigerten ihm die Behörden die Genehmigung für einen Test. Es wurde ein langer und zäher Kampf. Die Medien in Vietnam verfolgten jeden seiner Schritte, genauso die Behörden. Am Ende entschied der vietnamesische Premierminister persönlich, dass Tran Quoc Hai zusammen mit Experten des Verteidigungsministers und des Ministeriums für Wissenschaft und Technik im Januar 2007 seine Tests durchführen dürfe, um festzustellen, ob das Gerät für einen Testflug geeignet sei. Es wurde ein kleines Volksfest auf einem Acker vor dem Dorf. Hunderte Schaulustige waren dort, außerdem Dutzende Generäle und Professoren. Insgesamt drei Stunden ließen sie die Maschine am Boden laufen, alles funktionierte tadellos. Doch am Ende kamen die Experten zu dem Schluss, dass das Gerät nicht den Sicherheitsansprüchen der großen Hubschrauberhersteller wie der amerikanischen Bell Helicopter oder der russischen MIL genüge. Kein Testflug.

»Diese Leute haben sich schuldig gemacht an Volk und Nation!«, poltert er und lässt seinem Fluch einen wütenden Moment des Schweigens folgen. Hätte er seine Maschine vollenden können, wäre Vietnam die neunte von elf Nationen gewesen, die selbstständig Hubschrauber entwickelt hätte, sagt er – sogar noch vor China!

Ich habe eine Frage, die mir auf dem Herzen liegt:

»Sie sprechen sehr offen und sehr direkt. Sie müssen wissen, dass dieser Text zwar in Deutschland erscheinen wird, aber auch dort gibt es eine vietnamesische Botschaft, auch dort liest man Zeitungen. Gibt es Dinge, die ich besser nicht veröffentlichen sollte?«

Er macht eine Handbewegung, als würde er Fliegen vertreiben. »Schreiben Sie!«, sagt er. »Ich habe keine Angst vor dem Gefängnis.«

Aber er weiß natürlich, dass er unangreifbar geworden ist. Niemand wird ihn einsperren. Stattdessen bekam er eine Auszeichnung verpasst: Die gerahmte Urkunde liegt noch unausgepackt in ihrer Pappschachtel in einer Ecke des Wohnzimmers. Es ist ihm offensichtlich peinlich, als seine Frau sie stolz hervorholt: »Held der Arbeit in der neuen Zeit« steht da. Als er den Karton erstmals in den Händen hielt, musste er erkennen, dass er gescheitert war. Nicht nur das, nun begann auch die öffentliche Meinung, sich gegen ihn zu wenden. Wozu sollten Vietnamesen Hubschrauber bauen, wenn sie einfach welche im Ausland kaufen konnten, fragte man sich. Es war ein Tiefpunkt in seinem Leben.

Und dann wendete sich sein Glück erneut. Im Jahr 2004 stand eines Tages ein kleiner Mann mit Glatze und einer modischen Brille vor seiner Haustür. Es war Dinh Q. Le, ein Künstler aus Ho-Chi-Minh-Stadt. Le war 1978 mit seinen Eltern auf einem Boot aus Vietnam in die USA geflohen, dort Künstler geworden und in den Neunzigerjahren zurückgekehrt.

Dinh Q. Le hat noch Erinnerungen an den Vietnamkrieg. Er erinnert sich an die Leiche eines Vietcong-Soldaten, dem jemand einen Stock in eine Schusswunde im Gesicht gerammt hatte. An die Beerdigung seiner Kindergärtnerin, die bei einem Artillerieangriff ums Leben gekommen war. An die

Panik in der Stadt, als das Gerücht umging, dass die Kommunisten kämen. Dann, in den USA, musste er erschreckt feststellen, dass die kollektiven amerikanischen Erinnerungen begannen, seine vietnamesischen im Kopf zu verdrängen: Die Bilder aus »Apocalypse Now«, »Platoon« und »Full Metal Jacket«. Und mit dabei immer der Chopper, der UH-1, die Kampfmaschine, mit seinem unverkennbaren Flapflapflap-Geräusch – die Ikone des Vietnamkrieges. Umso überraschter war er, als er eines Morgens in der Zeitung von Tran Quoc Hai las, der vom Hubschrauber als einem Friedensgerät sprach. Er mietete sich ein Auto, fuhr los und machte Hai ausfindig, indem er die *Xe Om*, die Motorroller-Taxifahrer, fragte, wo er denn wohne. Und als er in dessen Garage stand, erkannte er, was dieser Mann geschaffen hatte: große Kunst.

Dinh Q. Le drehte einen Dokumentarfilm über Tran Quoc Hai. Sie unternahmen in den folgenden Jahren viele gemeinsame Reisen. Sie flogen in der Businessclass, der Hubschrauber zerlegt in den Kisten eines Unternehmens für Kunsttransport. In den Museen wurden der Helikopter und die Videoinstallation nebeneinander ausgestellt, in den Broschüren wurden sie gemeinsam als Künstlerpaar genannt. Tran Quoc Hai glitt mit der ihm eigenen Selbstverständlichkeit durch die Glitzerwelt des internationalen Kunstbetriebes, in der man in Taxis fährt, in Restaurants isst und in Hotelbetten schläft, die in einer Nacht mehr kosten als die meisten vietnamesischen Familien in einem Monat verdienen.

Er wurde nachdenklich. In Linz, als der Hubschrauber auf der Biennale Cuvée 2009 im Offenen Kulturhaus ausgestellt wurde, fragte er den Künstler beim Essen, was seinen Hubschrauber zur Kunst mache?

Er plante eine Dokumentation über den Bau seines nächsten Helikopters zu drehen, ein Art-Video. Er wollte selbst Künstler werden. Auf die gleiche Art, mit der er bereits Hubschrauber-Konstrukteur geworden war – mit kindlicher Neugierde und Hartnäckigkeit.

Dinh Q. Le versuchte ihm zu erklären, dass jeder Künstler seine eigene Sprache habe, seine eigene Art zu arbeiten, dass es auch auf den Kontext ankomme. Doch Tran Quoc Hai verstand nicht. Er war Erfinder, er brauchte etwas Praktisches wie das Hebelgesetz, eine Formel zur Erstellung von Kunst. Als Dinh Q. Le ihm die nicht lieferte, wurde er zunehmend wütend, sie stritten sich als Freunde.

In der zweiten Jahreshälfte 2009 wurde der Hubschrauber im Museum of Modern Arts in New York ausgestellt. Als Tran Quoc Hai mit dem Aufbau fertig war, standen sie zusammen vor der Maschine. 12 000 Kriegshubschrauber hatte Amerika nach Vietnam geschickt, nun hatte Vietnam einen Friedenshubschrauber zurückgeschickt. Es war ein schöner Raum, wie geschaffen für sein Werk: hohe weiße Wände, Fenster, die bis zum Boden reichen; Halogenleuchten tauchten den Helikopter in warmes Licht. Vielleicht sah er da seine Maschine zum ersten Mal nicht als Maschine. Er sah, wie viel Liebe darinsteckte. Dickköpfigkeit. Naivität. Vielleicht sah er, wie viele Menschen er zum Lachen gebracht hatte, in Wut versetzt hatte, wie viele er zum Nachdenken anregen konnte. Vielleicht würde irgendwo in Vietnam ein kleiner Mensch die Geschichte von Hai dem Bauern hören und beschließen, etwas Großes zu tun. Vielleicht hat er in diesem Moment verstanden, was Kunst ist. Er kämpfte mit den Tränen. »Der Hubschrauber ist wunderschön«, sagte er.

Reunification Express

Der S6 steht im Bahnhof von Ho-Chi-Minh-Stadt zur Abfahrt bereit. An der Tür zu Wagen neun steht eine kleine Schaffnerin, die sich zuerst mit der bloßen Hand die Nase putzt, um danach meine Fahrkarte zu kontrollieren. Ich nehme das Ticket mit spitzen Fingern und laufe durch den Gang des Wagens, auf der Suche nach meinem Sitzplatz. Man verstaut Koffer, taxiert seine Mitreisenden, steckt Reviere ab, führt erste Konversationen. Eine Gruppe Frauen mittleren Alters sieht meine Ratlosigkeit, sie zupfen mir mit einem einladenden Lächeln die Fahrkarte aus der Hand, suchen meinen Sitzplatz und zerren und schieben mich in die richtige Richtung. Ein lang gezogenes Tuten des Horns, letzte Umarmungen auf dem Bahnsteig. Dann geht ein ruckartiger Stoß durch die Wagen, die Kupplungen ächzen unter der Belastung. Der »Wiedervereinigungs-Express« von Ho-Chi–Minh-Stadt nach Hanoi setzt sich in Bewegung – auf seine siebenunddreißig Stunden dauernde Fahrt quer durch Vietnam.

Ich begebe mich hier schon wieder auf eine langwierige Reise, die heute eigentlich überflüssig geworden ist. Ein Flug von Ho-Chi-Minh-City nach Hanoi kostet nur etwa sechzig Dollar und dauert gerade mal zwei Stunden – der Zug ist dagegen zwischen dreißig und vierzig Stunden unterwegs und kaum billiger. Ich mache die Fahrt trotzdem. Denn ich will Vietnam besser kennenlernen, und dafür ist der Zug das passende Reisemittel. Die Gleise sind wie Flüsse: Wer auf ihnen reist, sieht nur die ehrliche Seite der Häuser – die Rückseite. Niemand achtet darauf, wie der Teil des Hauses aussieht, der den Gleisen zugewandt ist. Zudem ist der Wiedervereinigungs-Express mehr als nur ein Transportmittel, er ist auch ein Symbol.

Während des Krieges stand die Nord-Süd-Bahnverbindung für die Spaltung des Landes. Die Gleise verliefen quer durch Vietnam, aber kein Zug fuhr auf ihnen. Die Strecke endete in der demilitarisierten Zone, an der »Brücke des Friedens«. Die Vietcong, die kommunistischen Guerillas in Südvietnam, griffen die Bahnanlagen von Saigon nach Hue an, umgekehrt bombardierten die USA Gleise im kommunistischen Norden des Landes. Nach dem Ende des Krieges und dem Anschluss des Südens an das kommunistische Vietnam wurden in nur etwas mehr als einhalb Jahren 1334 Brücken, 27 Tunnel und 158 Stationen repariert und die Zugverbindung von Ho-Chi-Minh-Stadt nach Hanoi am 31. Dezember 1976 in Betrieb genommen – jetzt unter dem Namen neuen Namen: »Wiedervereinigungs-Express«.

Wiedervereinigung, dieses große Wort, das für Vietnamesen eine ganz andere Bedeutung hat als für uns Deutsche. Für uns bedeutet es die freiwillige Vereinigung zweier Länder, ein Fest. Für die Vietnamesen war es eine Vereinigung unter Waffen. Es wurde ein Prozess in Gang gesetzt, der einen großen Teil der Bevölkerung entfremdete: Die Währungsreform von 1975 beraubte Familien ihres Reichtums, Besitz wurde enteignet. Anstatt das Leid der Familien zu mildern, deren Männer in Südvietnam zum Dienst in der Armee gezwungen wurden, wurden sie zu Verrätern erklärt und in Umerziehungslager gesteckt. Tausende wurden in die Flucht als Boatpeople getrieben. Lebhaft erinnern sich ältere Einwohner des früheren Saigon an die nordvietnamesischen Soldaten, die Fahrräder beschlagnahmten – damals der Inbegriff von Wohlstand. Und dann ließen die Soldaten schnell Motorroller und Farbfernseher folgen. Wie einig ist das Land heute, mehr als dreißig Jahre nach der Wiedervereinigung?

Ho-Chi-Minh-Stadt gleitet am Fenster vorbei. Immer wieder das gleiche Bild: Bahnübergänge, deren Signale schrillen wie rostige Wecker. Hinter den Schranken warten Motorroller mit laufenden Motoren, von den Fahrern erkennt man nur die Augen zwischen Helm und Mundschutz. Ein Wärter in blauer Uniform und Schirmmütze, der die Schranke für jeden kommenden Zug per Hand über die Straße schiebt. Der Zug drückt sich durch enge Gassen und an Hauswänden entlang, die Fahrgäste blicken in Wohnzimmer, sehen Familien beim Essen und Männer beim Kartenspielen. Dann öffnet sich die Stadt, die endlosen Baumreihen der Gummiplantagen bestimmen das Bild.

Ho-Chi-Minh-Stadt – diesen Namen findet man auf Flugtickets und Straßenschildern, aber kaum jemand nennt die Stadt so. Ihre Einwohner nennen sie bei dem Namen, den sie bis zum Sieg Nordvietnams getragen hat: Saigon. Und das liegt nicht nur an der Tatsache, dass der alte Name einfacher auszusprechen ist. Der Süden hat seinen eigenen Stolz. Er produziert heute zwei Drittel des Wohlstandes im Land und liefert neunzig Prozent der Steuereinnahmen Hanois. Die wirtschaftliche Stärke sichert dem Süden auch eine gewisse Unabhängigkeit gegenüber dem Einfluss der KP, die in Hanoi sitzt. Die Privatwirtschaft ist hier weniger eingeschränkt, Presse, Literatur und Kunst sind nicht so stark zensiert wie anderswo.

Die Eigenständigkeit des Südens zeigt sich nicht offen – schließlich wäre jeder Lokalpatriotismus unweigerlich Kritik an der Allmacht der Kommunistischen Partei in Hanoi. Doch er offenbart sich im Stillen – oder in den Internetforen. »Südkorea« ist ein Schlagwort, das man dort oft hört. »Wir könnten wohlhabend wie Südkorea sein, wenn die Wiedervereinigung niemals stattgefunden hätte«, heißt es.

Dazu kommt, dass viele Einwohner Saigons heute Verwandte im Ausland haben, vor allem in den USA und in Frankreich. Etwa drei Millionen Vietnamesen leben inzwischen als *viet kieu*, außerhalb Vietnams, der Großteil davon sind Südvietnamesen, die das Land als Flüchtlinge unmittelbar vor dem Fall Saigons verlassen haben. Die Auslandsvietnamesen schicken pro Jahr eine Milliarde Dollar an ihre Verwandten in Vietnam – ein nicht zu unterschätzender Beitrag zum vietnamesischen Wirtschaftswachstum. Sie leben oftmals in Gemeinschaften wie etwa dem »Little Saigon« in der Stadt Westminster, Orange County in Kalifornien. Zu den traditionellen Festen sind die Straßen hier mit der gelben Fahne der untergegangenen Republik Südvietnams geflaggt.

Das soll nicht heißen, dass es im Süden einen Separatismus gäbe. »Wir denken nicht viel über die Vergangenheit nach, die Zukunft ist wichtiger«, sagte mir ein Bekannter in Ho-Chi-Minh-Stadt, der als Tourguide arbeitet. »Heute sind wir nicht gelb, wir sind auch nicht rot – wir sind orange.« Die Leute arrangieren sich mit dem System, sie nutzen die Netzwerke der Kommunistischen Partei, wenn sie ihnen Vorteile verschaffen, und ignorieren ihre Regeln, wenn sie einen Nachteil bedeuten. Meinungsfreiheit und Demokratie haben keine hohe Priorität, solange die Wirtschaft weiter wächst. Viel mehr beklagen sich die Menschen im Süden über die Einschränkungen der Privatwirtschaft und über die hohen Steuern, die Hanoi auferlegt. Umgekehrt tolerieren die Machthaber die relative Eigenständigkeit des Südens, solange die Steuereinnahmen nach Norden fließen.

Das stetige Wirtschaftswachstum der letzten Jahre ist am Wiedervereinigungs-Express nicht vorübergegangen – die einst klassenlose Gesellschaft ist in diesem Zug abgeschafft. Die malerischen verbeulten grünen Wagen mit den Holzbänken und den vergitterten Blechfensterläden, die man vielleicht aus den Fotos der Reiseführer kennt, gibt es noch. Sie sind am Ende des Zuges angekoppelt. Westliche Abenteuertouristen, die auf eine Reise zwischen Bauern in schwarzen Pyjamas, Marktfrauen und alten Weibern mit von Betelnüssen dunkel gefärbten Zähnen gehofft haben, werden jedoch enttäuscht: Die Holzklasse bleibt die ganze Fahrt über so gut wie unbesetzt, man sieht nie mehr als zwei oder drei Fahrgäste in einem Wagen. Die Landbevölkerung nutzt heute lieber die mit Menschen vollgequetschten japanischen Minibusse, die sie direkt an ihr Ziel bringen. Gut gefüllt sind dagegen die blau-weiß-rot gestrichenen klimatisierten Wagen mit ihren grauen Polstersitzen und Schlafabteilen.

Ich streife durch den Zug und suche nach Gesprächspartnern. Wenn ich jemanden treffe, der jung genug ist, um des Englischen mächtig zu sein, spreche ich ihn an. Da ist Son, ein junger Mann in einem gefälschten Dolce&Gabbana-Hemd, der für ein Reisebusunternehmen in Saigon arbeitet. Er fläzt sich in seinem Sessel und tippt SMS in sein Handy. Ich frage ihn, wodurch sich Nord- von Südvietnamesen unterscheiden. Sie seien ernster und nicht so offen wie die Südvietnamesen, sagt er. Und außerdem geiziger. »Nehmen wir an, ein Nord- und ein Südvietnamese bekommen jeweils dreihundert Dollar Gehalt pro Monat. Der Nordvietnamese gibt von diesem Geld im Monat nur dreißig Dollar aus und spart den Rest. Der Südvietnamese gibt in den ersten drei Tagen zweihundertsiebzig Dollar aus und lebt den Rest des Monats von den übrigen dreißig Dollar.« Er kommt jetzt erst richtig in Fahrt: »Wenn die Nordvietnamesen dich zum Essen einladen, dann stellen sie dir eine Schüssel Reis hin, aber geben dir nicht die Stäbchen dazu – sie wollen nicht, dass du isst. Wenn die Südvietnamesen dich zum Essen einladen, sind sie gekränkt, wenn du nicht isst.« Er hat noch mehr auf Lager. »In Hanoi sehen die Prostituierten aus wie Studentinnen. In Saigon sehen die Studentinnen aus wie Prostituierte«, sagt er giggelnd. Viele Vietnamesen im Zug scheinen Menschen aus dem Norden zu sein, die im Süden arbeiten und nun nach Hause zurück-kehren. *Bac ky* nennt man in Südvietnam Menschen aus dem Norden, die nach Ho-Chi-Minh-City ziehen, um von der Wirtschaft zu profitieren. Es ist ein veralteter Begriff für den Norden Vietnams, der noch aus der Zeit der französischen Kolonialverwaltung stammt. Wenn man ihn heute benutzt, hat er einen ironischen und etwas abwertenden Unterton, ver-gleichbar mit der Bezeichnung »Zoni« für die Leute aus den neuen Bundesländern.

Die Unterschiede zwischen Nord- und Südvietnam haben nicht nur mit dem Vietnamkrieg zu tun. Westliche Histori-ker debattieren, ob Vietnam eine historische Einheit ist, die durch den Vietnamkrieg kurzzeitig gespalten wurde, oder ob die Differenzen zwischen Nord- und Südvietnam nicht viel tiefer liegen. Erst im achtzehnten Jahrhundert kam der Süden und das Mekong-Delta vollständig unter Kontrolle der süd-vietnamesischen Nguyen-Dynastie. Anfang des neunzehnten Jahrhunderts wurden Nord-, Süd- und Zentralvietnam zusam-mengeführt, nur um nach der französischen Invasion 1858 wie-der geteilt zu werden. Erst 1887 vereinigten die Franzosen Vietnam als eine Region ihres Kolonialreiches und gaben dem Land seine heutigen Grenzen. Tatsächlich existierte Vietnam erst 1975 mit der sogenannten Wiedervereinigung erstmals als eigenständige Nation.

Auch kulturell gibt es große Unterschiede zwischen den beiden Regionen: Nord -und Südvietnamesen sprechen unter-schiedliche Dialekte. Sie geben oft zu, dass sie sich gegenseitig kaum verstehen können. Manche Buchstaben des Alphabets werden in Nord- und Südvietnam unterschiedlich ausgespro-chen, die Menschen in beiden Landesteilen benutzen zuweilen Ausdrücke, die im jeweils anderen unbekannt sind – sogar die Syntax, die Wortstellung, ist in manchen Situationen unter-schiedlich.

Ich blicke wieder aus dem Fenster. Hinter der Küstenstadt Danang verwandelt sich die Landschaft, die Berge rücken bis an die Küste vor, der Zug schlängelt sich am Hang entlang. In den engen Kurven ächzt der Waggon. Vietnam wirkt hier wie ein verwunschener Garten, nicht nur die westlichen Touristen, auch die Vietnamesen unterbrechen ihre Gespräche, recken die Hälse und stehen auf, um besser sehen zu können. Schlingpflanzen mit kopfgroßen, herzförmigen Blättern bedecken den Hang, der unter dem Wagenfenster zur Küste hin abfällt. Das Meer stürzt sich wütend auf rot-braune Felsen. Auf der dem Hang zugewandten Seite des Zuges sehe ich Berge, deren Kuppen in niedrigen Wolken verschwinden. Durch jedes Tal, durch das der Zug schleicht, fließt ein stürmender Bach aus Monsunregenwasser, den die Wagen auf einem kleinen Backsteinviadukt französischer Bauart überqueren. Außer den Gleisen sehe ich keine Zeichen von Zivilisation. Der berühmte Reiseschriftsteller Paul Theroux schrieb einst in seinem Buch »The Great Railway Bazaar«, in dem er eine Zugreise von London nach Asien und zurück beschreibt, er sei »unvorbereitet auf diese Schönheit« gewesen und der Anblick habe ihn »überrascht und mit Demut erfüllt«. Er war begeistert: »Von allen Orten, an die mich die Eisenbahn seit London geführt hat, war dies der liebenswerteste.« Dazu muss man sagen, dass er das Land im Jahr 1973 bereiste, zu einer Zeit, als Sandsäcke, Bunker und Soldaten den Anblick der Küste nicht gerade verschönerten.

Es ist spät geworden. Die Schaffnerin schiebt einen Metallwagen mit dem Abendessen über den Gang, Hähnchenfleisch, Reis und Kohlstücke und ein Plastikbecher mit Brühe, die schmeckt wie das Wasser aus einer Vase mit frischen Schnittblumen. Eine russische Backpackerin in Hotpants geht durch den Zug zum Zähneputzen auf einer der Toiletten. Blicke folgen ihr, Köpfe drehen sich. Miniröcke sieht man selten in Hanoi, und das liegt nicht nur am Wetter. Ich verstehe kein Wort, aber das muss ich auch nicht, um zu wissen, worüber die Männer um mich herum gerade reden. Einer deutet auf seinem Oberschenkel noch mal an, wo der Hosenrand saß.

Ein stilles Grinsen kann ich nicht unterdrücken. Sie sehen mein Lächeln, fühlen sich ertappt, lächeln zurück, schubsen sich gegenseitig an. Für den Rest der Fahrt verbindet uns ein konspirativer Geist, sie teilen ihr Essen mit mir.

Ich wickele mich in ein Handtuch und versuche zu schlafen. Als ich aufwache, geht die Morgensonne auf, aus den Reisfeldern steigt Nebel. Es kann nicht mehr weit bis Hanoi sein: Die kleine Schaffnerin bahnt sich ihren Weg durch den Wagen, wobei sie mit einer ruckartigen Bewegung die mit Klettverschlüssen angebrachten Vorhänge von den Fenstern reißt und sich über die Schulter schmeißt. Meine Mitreisenden wälzen sich aus ihren Sitzen, öffnen Koffer und Rucksäcke.

Mit Entsetzen sehe ich, dass sie sich Anoraks und Pullover anziehen. Au weia: Mir fällt auf, dass ich der Einzige im Zug bin, der Flip-Flops trägt.

Das ist ein weiterer Unterschied zwischen Nord- und Südvietnam – das Klima. Das des Südens ist typisch für subtropische Gebiete. Es wird vom Monsun bestimmt, der vom Indischen Ozean herweht. Es gibt drei Jahreszeiten: eine Regenzeit, eine Trockenzeit und die Hitzeperiode. Die Temperatur ist einigermaßen konstant: immer heiß! Die meiste Zeit ist der Himmel entweder blau und die Sonne taucht alles in ein goldgelbes Licht, oder aber er ist mit dunklen grauen Wolken verhangen, welche die Dächer zu berühren scheinen – dazwischen gibt es wenig.

Anders das Klima im Norden: Dort gibt es vier unterschiedliche Jahreszeiten, wie in Europa, das Klima ist deutlich kühler als im Süden, wenn auch nicht so kalt wie etwa in Deutschland. Der Himmel ist meist gräulich, von dünnen, hochschwebenden Wolken verdeckt. Winde aus Zentralasien geben der Region ein Klima, das dem Chinas ähnelt. In den Monaten des Herbstes und des Winters von November bis April bringt kühle Luft aus Sibirien und China Temperaturen mit sich, die in den Bergregionen Nordvietnams manchmal bis null Grad Celsius hinabreichen. In Hanoi fällt dann oft ein

feiner kalter Nieselregen. Der Zug hält. Ich steige aus, verabschiede mich von meinen Mitreisenden und mache mich auf
die Suche nach einer warmen Dusche – in Hanoi, der roten
Hauptstadt Vietnams.

Auf dem Markt

Ich habe einen ganz unschuldigen Wunsch. Es ist nichts Großes – ich möchte weder eine reiche Geliebte noch einen
Nobelpreis oder den Weltfrieden. Es wäre einfach nur schön,
wenn ich mal auf einen vietnamesischen Markt gehen könnte,
um mich dort ordentlich übers Ohr hauen zu lassen und
gefälschte Bronzebuddhas und Hundemarken amerikanischer
GIs zu kaufen. Leider wird dieser Traum in absehbarer Zeit
nicht in Erfüllung gehen. Denn ich habe einen Freund in
Hanoi, bei dem ich wohne, wenn ich zu Besuch in der Stadt
bin. Und der hat es sich zur Aufgabe gemacht, mich – den nai-
ven Europäer – vor meinem Mangel an Geschäftssinn und vor
der Schlitzohrigkeit seiner Landsmänner zu schützen.

»Ich geh ein bisschen shoppen!«, sage ich möglichst beiläufig, wenn ich das Haus verlasse. Er reißt die Augen auf. Dann
holt er mich an der Tür ein, mit der Geduld, mit der Eltern
ein Kind ins Haus zurückholen, das gerade die ersten Schritte
gemacht hat und glaubt, nun in den dunklen Wald watscheln
zu müssen. »Du kannst auf keinen Fall alleine gehen«, sagt er.
In seiner Vorstellung scheint ein asiatischer Markt ein Kriegs-
gebiet zu sein, aus dem wir leichtgläubigen und vertrauens-

seligen Westler nur nackt, missbraucht und vor allem ohne Geld zurückkehren können – mit einem Einkaufskorb voller sinnfreiem Tand. Weil Einkaufen und Feilschen in Asien als Domäne der Frauen gilt, stellt er mir seine Gattin zur Seite.

Ich laufe wie ein mürrisches Kind hinter ihr her und blicke neidisch auf all die arglosen Touristen in Beerlao- und Ho-Chi-Minh-T-Shirts, die nichts ahnend auf den Markt gehen dürfen, um sich zu völlig überhöhten Preisen künstlich gealterte Opiumpfeifen andrehen zu lassen, aus denen niemals jemand einen Zug genommen hat.

Meine geschäftstüchtige Begleiterin verdirbt mir leider konsequent die Freude am Schund. Das liegt an ihren geschickten Kaufverhandlungen. Meistens laufen die so ab: Erst mal muss ich zehn Meter hinter ihr gehen, so als sei ich ein jüngerer Lover, der voller Scham seiner Geliebten in ein billiges Hotel folgt. Wir dürften auf dem Markt auf keinen Fall zusammen gesehen werden, sagt sie, denn schon meine pure Anwesenheit als Europäer würde die Preise nach oben treiben. In einer stillen Ecke muss ich ihr kurz ins Ohr flüstern, was ich gern erwerben würde. Zum Beispiel einen bronzenen Buddha, dem man in einem Säurebad etwas grünliche Patina verliehen hat. Während meiner Bestellung muss ich selbstverständlich ihre vor Überraschung hochgezogene Augenbraue ertragen.

Dann schickt sie mich weg, und ich lungere allein in der Nähe des Buddhafigurenstandes herum und tue so, als würde ich mich brennend für BHs oder Kinderspielzeug interessieren. Aus der Richtung des Statuenstandes höre ich ihr Kaufgespräch. Das hört sich etwa so an, als würden zwei Erpel um ein Weibchen streiten. Dann kommt sie zurück, sagt: »Viel zu teuer!«, und nennt mir einen Preis, der derart niedrig ist, dass er mir unbarmherzig die letzten Illusionen über die Herkunft und Qualität der Buddhafiguren zerstört. Sie kenne den Bekannten eines Bekannten, der würde das Gleiche viel billiger verkaufen. Als wir aber vor dessen Marktstand stehen, ist dieser geschlossen, der Besitzer zu Besuch bei seinen Eltern auf dem Land. Und ich möchte eigentlich auch gar keine Buddhafigur mehr haben.

Nirgendwo ist Asien so asiatisch wie auf seinen Märkten. Dabei ist das deutsche Wort »Markt« als Bezeichnung für die Handelsplätze Asiens eigentlich schon irreführend. Es lässt an einen Gemüsemarkt auf dem Parkplatz einer deutschen Kleinstadt denken – eine Ansammlung von Ständen, über denen sich der Samstagvormittagshimmel spannt. Doch asiatische Märkte sind ganz anders. Für die Menschen in Vietnam, Laos und Kambodscha spielen sie eine viel größere Rolle als die Märkte in unserem Leben. Supermärkte und Minimarts sind immer noch Randerscheinungen, die erst in den letzten zehn Jahren in den Städten aufgetaucht sind und in denen vor allem die urbane, verwestlichte Ober- und Mittelschicht einkaufen geht. Der größte Teil der Bevölkerung kauft Essen und alles, was sonst zum Leben gebraucht wird, noch immer auf dem Markt.

Es sind keine wöchentlichen Veranstaltungen. Die Märkte hier öffnen jeden Tag frühmorgens mit den ersten Sonnenstrahlen und schließen in der Regel um vier Uhr nachmittags. Sie finden auch nicht unter freiem Himmel statt. Meistens sind es riesige Betonhallen, die nur von schwachen Neonröhren beleuchtet sind. Die Städte scheinen sich um die Märkte herum gebildet zu haben.

In den Hallen hat sich der Mief von Jahrzehnten festgesetzt, es gibt Treppen, die von unzähligen Füßen ausgetreten, und Wände, die von den ständigen Berührungen speckig geworden sind. Das Fett aus den Dünsten der Garküchen hat sich an der Decke und in dem Gewirr der Spinnweben abgelagert. Der Boden ist meist feucht vom Monsunregenwasser, das von der Decke tropft, und von den Strahlen der Wasserschläuche, mit denen nach Geschäftsschluss die Gänge gereinigt werden.

Die Gebäude umgibt ein ständiges Treiben, Lastwagen atmen rußige Rauchfahnen aus, Arbeiter fallen über die Ladung her wie Ameisen über einen toten Käfer und holen Kisten und Pakete aus ihrem Inneren. Die Märkte ziehen eine eigene Mikrowirtschaft an, die sie wie ein Gürtel umgibt. Da sind zum Beispiel die Stände zum Parken der Motorroller. Hinter einer Absperrung aus Seilen stehen die Fahrzeuge dicht in Reihen nebeneinander geparkt, ein scheinbar unentwirrbares Dickicht aus Scheinwerfern und Rückspiegeln. Daneben stehen Frauen mit fahrbaren Ständen, die in Plastikbeuteln frisch aus Zuckerrohr gepressten Saft verkaufen.

Doch den stärksten Eindruck hinterlassen die Gerüche. Oft sind sie so intensiv und auf die verwegenste Art kombiniert, dass meine Nase den Versuch, die verschiedenen Noten auseinanderzuhalten, aufgibt und sich wie betäubt anfühlt. Über allem hängt eine Fahne von verfaultem Obst in der Luft, die den Märkten ihren typischen Charakter gibt, so, wie die Grundierung das Aussehen eines Gemäldes bestimmt. Daneben meine ich den Duft der stacheligen Durian, in Reiseführern meist respektlos Stinkfrucht genannt, wahrnehmen zu können. Jeder der meist nur zwei Quadratmeter großen Stände hat seinen eigenen kleinen Ahnenschrein, aus dem in wirren Spiralen der Rauch von Räucherstäbchen emporsteigt und mit seinem unverwechselbaren Geruch alle anderen Dünste für einen Moment verdrängt. Natürlich hat jeder Bereich des Marktes seinen eigenen Duft. In der Ecke, in der Rattenfallen und Pestizide verkauft werden, ruft ein chemischer Geruch Kopfschmerzen hervor. Wo Damenschuhe angeboten werden, riecht es nach Leder und süßem Parfüm. Und wer glaubt, dass Nägel nicht riechen, der sollte in jenen Bereich des Marktes gehen, der für Eisenwaren und Baumaterialien vorgesehen ist. Hier liegt ein säuerlich-metallisches Bukett mit einer Note von Rost und Talg in der Luft.

Am meisten Spaß macht es natürlich, Händler und Kunden beim Feilschen zu beobachten. Festgelegte Preise gibt es nur in Restaurants und Supermärkten. Auf dem Markt müssen sie ausgehandelt werden. Kein Wunder, dass die Preise der verschiedenen Waren ein ständiges Gesprächsthema sind, mit dem man überall sofort Anschluss findet – vergleichbar mit den Konversationen über Kreislaufbeschwerden oder die Verspätungen der Bahn in Deutschland. Wann immer eine Frau vom Markt nach Hause zurückkehrt und dort auf ihre Schwester oder Schwägerin trifft, kann man eine sich ständig wiederholende Szene beobachten: Wenn sie die Tüten abgestellt hat, wird sich die andere darüber hermachen, die Lebensmittel einzeln hervorholen, mit kritischem Blick beäugen und die Käuferin dann fragen: »Wie viel hast du dafür bezahlt?«

Die Gefragte wird bei der Antwort den Preis etwas günstiger machen, als er tatsächlich war, um sich eine Blamage zu ersparen. Allein, es hilft nichts: Sie bekommt einen mitleidigen Blick zugeworfen. Und ihr wird dann mitgeteilt, dass sie die gleiche Ware bei einem anderen Marktstand für viel weniger Geld bekommen hätte. Kein Wunder, dass Asiaten grundsätzlich im Gefühl leben, von der ganzen Welt verarscht zu werden und für alles viel zu viel bezahlt zu haben.

Das Feilschen ist derart präsent im Alltag der Menschen in Indochina, dass es sogar das Aussehen der Städte prägt. Ich habe mich immer gefragt, warum sich in asiatischen Städten sämtliche Geschäfte, die ein bestimmtes Produkt verkaufen, stets in einer einzigen Straße versammeln. In jeder größeren Stadt Indochinas gibt es eine Tischlerstraße, eine Holzstraße, eine Buchladenstraße, eine Motorrollerstraße, eine Gebrauchte-Klimaanlagen-Straße, vielleicht auch eine Schiffsmotorenstraße oder eine Blaue-Plastikröhrenstraße. Das war ein Phänomen, das mich lange Zeit verwirrt hat. Ich mit meinen westlichen Vorstellungen von Angebot und Nachfrage war der Ansicht, dass eine Straße, in der es bereits ein Geschäft für blaue Plastikröhren gibt, nicht zwingend noch ein zweites, drittes oder sechstes davon braucht. Doch die Asiaten sind da anderer Ansicht. So kann man in Hanoi für viele Jahre im Glauben leben, dass es zum Beispiel absolut unmöglich sei, dort Schwimmwesten zu kaufen. Und dann nimmt man eines Tages eine falsche Abbiegung, und auf einmal steht man in einer Straße, in der ein Geschäft neben dem anderen nichts anderes verkauft als Schwimmwesten.

Das scheint schon seit Jahrhunderten so zu sein. In Hanois »Altem Viertel« sind noch heute die Straßen nach den Gewerben benannt, die sich einst dort niedergelassen hatten. Da ist zum Beispiel die Hang Bong, welche die südliche Grenze des »Alten Viertels« in Hanoi darstellt – der Name bedeutet »Baumwollstraße«. Heute ist von diesem Gewerbe allerdings nichts mehr zu sehen; es finden sich hier vor allem Gasthäuser, Boutiquen und Galerien.

Rätselhaft erscheint auf den ersten Blick auch, wie die Hang Buom, die »Segelstraße«, zu ihrem Namen gekommen sein mag – sie liegt mitten in der Stadt, weit und breit ist kein Wasser zu sehen. Doch bis 1896 verlief sie in der Nähe des Zusammenflusses des Roten Flusses und des To Lich, der zugeschüttet wurde. Eine Stele in der Nähe des Bac-Ma-Tempels erinnert noch an die Zeit, in der die Schiffer hier Ausstattung für ihre Boote erwerben konnten. In der Hang Dau, der Pflanzenölstraße, wurde einst Brennstoff für Öllampen verkauft – heute kann man hier vor allem gefälschte Reebok- und Adidas-Schuhe erwerben.

Ich habe mich einmal mit einem Freund über die seltsame Anhäufung der Händler unterhalten und gefragt, ob sie sich vielleicht deshalb gemeinsam in einer Straße niederlassen, um die Preise besser absprechen zu können.

»Nein«, sagte mein Freund. »Preise absprechen, das machen nur die Chinesen.« Vielmehr sei es die Gewohnheit der Kunden, ständig die Angebote zu vergleichen, welche die Händler zwinge, sich gemeinsam niederzulassen. Es sei für die Käufer selbstverständlich, von einem Geschäft zum anderen zu laufen und mit den Verkäufern zu feilschen, die sich dann gegenseitig mit ihren Angeboten unterbieten. Verständlich, dass die Käufer dabei nicht gern weit laufen. Ein einzelnes Geschäft hat daher schlechte Überlebenschancen.

Das Feilschen liegt den Asiaten also im Blut. Ich bin da leider weniger talentiert. Wenn Sie eine Anleitung brauchen, wie man möglichst viel für seine Buddhafigur zahlt – bitte sehr, da kann ich weiterhelfen.

Um ihre Kaufverhandlungen ordentlich zu vermurksen, müssen Sie morgens zuerst ganz in Ruhe ausschlafen. Ein Reiseführergeheimtipp für den Hamburger Fischmarkt rät, dass man mittags kurz vor Schluss auf den Markt gehen soll, wenn die Händler verzweifelt versuchen, überschüssige Waren zu lächerlichen Preisen noch loszuwerden. In Asien funktioniert dieser Trick leider überhaupt nicht. Ein Asiate, der bei Sinn und Verstand ist, geht so früh wie möglich auf den Markt, weil ein weitverbreiteter Glaube unter den Händlern besagt, dass das erste Geschäft am Morgen über den Erfolg des ganzen Tages entscheidet. Die Händler sind deshalb bereit, dem ersten Kunden am Morgen mit dem Preis weit entgegenzukommen.

Dann sollte man stundenlang um den Stand mit den Buddhafiguren herumschleichen und sich jede einzelne betrachten – das zeigt dem Händler, dass man viel Zeit hat. Und wer über viel Zeit verfügt, der hat auch viel Geld. Dann sollte man eine Statue auswählen, sie verträumt in den Händen wiegen und sich im Geiste ausmalen, wo man sie in der Wohnung aufstellen und welche Pflanze man neben sie platzieren wird, damit der Händler sich sicher sein kann, dass man bereit ist, jeden Preis zu bezahlen. Danach sollte man einen schönen, dicken westlichen Geldbeutel aus feinem Leder zücken und ihn am besten schon mal öffnen. Und erst in diesem Moment sollte man nach dem Preis fragen. Wenn man dann die dreiste Summe zahlt, die der Händler einem nennt, kann man sich mit dem Gedanken trösten, dass er bestimmt eine schwere Kindheit hatte und das Geld sowieso viel besser gebrauchen kann als man selbst. So mache ich das zumindest immer.

Falls Sie es anders machen wollen, sollten Sie sich an die Frau meines Freundes halten – die ist weit geschickter. Sie steht morgens mit den ersten Sonnenstrahlen auf, und schon auf dem Weg zum Markt weiß sie genau, was sie bei wem kaufen will. Wenn sie dann vor dem Verkäufer steht, verliert sie nicht viel Zeit und fragt möglichst desinteressiert und beiläufig, was die Ware denn kosten soll. Wenn sie die Dinge berührt, dann nur so, als würde sie eine tote Ratte in der Hand halten. Und dann macht sie etwas, was mich immer wieder überrascht. Wenn der Händler ihr seinen Preis nennt, bettelt sie nicht nach einem Preiserlass. Stattdessen lacht sie kurz freundlich, so als hätte er ihr einen guten Witz erzählt. Und dann dreht sie sich um und geht weg. Einfach weg. Ich bin regelmäßig verblüfft über die Reaktion der Verkäufer: In zwei von drei Fällen rufen sie ihr panisch in rascher Folge stetig fallende Summen hinterher, bis ihr eine davon passt. So macht man das.

Ich für meinen Teil habe meine Buddhastatue schließlich doch noch bekommen. Ich habe mich ganz still und heimlich aus dem Haus geschlichen, als würde ich mich heimlich in eine schäbige Bar verdrücken, sodass mein Freund und seine Frau nichts davon mitbekommen haben. Und dann habe ich mir die Figur einfach gekauft, ohne Gefeilsche und psychologische Tricks.

Aber wie viel ich bezahlt habe, das verrate ich nicht.

Die dünne Linie

Ich habe einen vietnamesischen Freund in Hanoi, der perfekt Deutsch spricht. Jedes Mal, wenn ich in der Stadt bin, treffen wir uns in einem Café, und ich lasse mir Vietnam erklären. Das ist immer sehr lustig.

»Was, glaubst du, ist das beste Fach für einen Professor, um sich bestechen zu lassen?«, fragt er. Es ist eine rhetorische Frage.

»Hmmmm … ich weiß nicht … Jura vielleicht?«

»Quatsch«, sagt er. »Marxismus-Leninismus natürlich. Alle müssen das Fach belegen, keiner will auch nur ein Wort davon hören.«

Wir lachen.

Nach einer kurzen Pause fügt er hinzu: »Wehrsport bringt natürlich auch viel ein.« Um den Kampfgeist der Jugend zu erhalten, müssen Studenten an militärischen Übungen teilnehmen. »Ich habe meine Tochter gerade davon freigekauft. Das arme Mädchen ist schließlich ihr Leben lang in klimatisierten Wohnungen aufgewachsen. Die holt sich doch den Tod, wenn sie in den nebeligen Bergen durch den Schlamm kriechen muss.«

Mein Freund muss sich seinen Frust über die Betonköppigkeit der Behörden von der Seele lästern. Während ich noch immer in meinen Kaffee kichere, gibt er eine weitere Anekdote aus dem noch-immer-kommunistischen Land zum Besten. So arbeitet er zum Beispiel als Übersetzer für einen Verlag. Und natürlich wird jedes Manuskript von einem Zensor begutachtet. Kaum zu glauben ist, was alles als der Schere würdig erachtet wird. Einmal sollte ein Roman der österreichischen Schriftstellerin Maxie Wander übersetzt werden. Darin kommt ein Mann vor, der sich von seiner Lebenspartnerin trennt und ihr nur eine Marx-Engels-Ausgabe hinterlässt.

»Musste raus«, sagt mein Freund achselzuckend. »Hätte ja als Kritik am Kommunismus verstanden werden können – ein Kerl, der seine Frau sitzen lässt und Marx gleich mit aus seinem Leben schmeißt.«

»Und was habt ihr statt Marx eingesetzt?«, frage ich.

»Keine Ahnung mehr … Trotzki vielleicht? Stalin wäre auch noch akzeptabel. Aber Marx – auf keinen Fall!« Wir lachen wieder.

Ich blicke durch das Fenster auf die Straße. Wenn man die Galerien und Cafés in der Hang Bong sieht, kann man leicht vergessen, dass Vietnam eine autoritäre Gesellschaft ist. Mir fällt ein Satz der in Hanoi lebenden deutschen Publizistin Doris K. Gamino über die Stadt ein: »Es kommt ein bisschen daher wie die Bäuerin, die sich oben herum aufgeputzt und dabei vergessen hat, die Gummistiefel gegen Pumps auszutauschen.« Ich finde ihre Aussage unheimlich treffend, aber vielleicht wäre es noch etwas treffender zu sagen, dass Hanoi vergessen hat, seine Militärstiefel gegen Pumps auszutauschen.

Plötzlich ändert sich die heitere Stimmung unseres Gesprächs. Ich habe noch eine Frage an meinen Freund: »Sag mal, wie hieß noch mal dieser Dissidenten-Anwalt, den sie gerade in den Knast gesteckt haben? Den sie angeblich mit einer Prostituierten erwischt haben?« Er buchstabiert: »C-U-H-U-Y H-A V-U«. Ich notiere mir den Namen auf meinem

Notizblock. Dann fügt er hinzu. »Und jetzt pass' auf, wenn die Bedienung kommt. Wenn die sieht, dass hier ein Europäer und ein Vietnamese zusammensitzen und über Dissidenten sprechen, erzählt sie es gleich dem Wohngebietspolizisten, wenn er seinen Rundgang macht, um Bestechungsgelder einzusammeln.« Ich schlage erschreckt den Notizblock zu, als die nächste Tasse Kaffee kommt. Soll ich jetzt lachen oder nicht? War das ein ironischer Witz oder eine Warnung? Ich weiß es nicht. Und ich glaube, mein Freund weiß es selbst auch nicht.

Es fällt mir schwer, mir auf Vietnam und Hanoi im Besonderen einen Reim zu machen. In der Hang Bong verkaufen Flaggengeschäfte rote Fahnen, Hammer und Sichel und Onkel-Ho-Porträts zwischen Seidenboutiquen. Rote Banner mit gelber Schrift verblassen neben Hitachi- und Sony-Leuchtreklamen. 1986 wurde vom Zentralkomitee die *doi moi*, die Erneuerung beschlossen. Seitdem ist das Verbot des Privatbesitzes an Produktionsmitteln aufgehoben, das Land öffnete sich zum Ausland – es strebt jetzt nach einer »sozialistisch orientierten Marktwirtschaft«. 1991 verabschiedete sich das Zentralkomitee sogar vom Dogma der Diktatur des Proletariats. Seither bezeichnet es die Gesellschaft Vietnams neutral als »politisches System«.

Die Kommunistische Partei Vietnams bewältigt inzwischen eine beachtenswerte ideologische Grätsche. Für die Mittelschicht haben die Markenzeichen von Honda, Sony und Nokia längst Hammer und Sichel verdrängt, die Oberschicht schmückt sich mit den Firmenlogos von Gucci und Mercedes. Ausländische Firmen strömen in den Staat. Der deutsche Media Markt hat eine Niederlassung in Hanoi eröffnet, Metro eine am Stadtrand. Auf der anderen Seite sieht man überall die Büros der Wohngebietspolizisten. Es ist immer das gleiche Bild: gelb-braun gestrichene kahle Wände, ein Uniformierter hinter einem Schreibtisch, ein Bild von Ho-Chi-Minh an der Wand hinter ihm, eine Uhr und der Spruch »Dem Volk dienen«, in gelber Schrift auf rotem Grund. Was wird hier noch verteidigt? Was bedeutet hier Kommunismus? Ist die Ideologie von Marx und Engels nur noch Folklore, inhaltsloses Fahnengefuchtel? Oder steht mehr dahinter?

In den Straßen sehe ich Touristen aus den westlichen Demokratien, die in T-Shirts mit dem Porträt Ho-Chi-Minhs und dem fünfzackigen Stern herumlaufen. Wissen die wirklich, was sie sich da anziehen? Wenn ich Reiseführer oder Zeitungsberichte über Vietnam lese, bin ich überrascht, wie sympathisch das kommunistische Regime dargestellt wird und wie schnell man bereit ist, dessen Geschichtsschreibung zu übernehmen. Die Kommunistische Partei Vietnams genießt einen Schutz durch die westlichen Medien, von dem die politischen Funktionäre in China nur träumen können.

Während man zugibt, dass die Partei »zuweilen auch grausam« gewesen sei, so wird sie doch für ihre »Standhaftigkeit« und »Hartnäckigkeit« im Kampf um die nationale Unabhängigkeit gelobt. Besonders betont wird, wie »pragmatisch« die Partei sei, wenn es um die wirtschaftliche Erholung des Landes gehe. Die Sympathie für die KPV stammt wahrscheinlich noch aus der Zeit der Studentenproteste in den Sechziger- und Siebzigerjahren.

Ohne Frage – Vietnam verändert sich. Die wirtschaftliche Öffnung zum Ausland hat auch neue politische Freiheiten mit sich gebracht. Aber ist es wirklich die Partei, welche die wirtschaftliche und politische Entwicklung vorantreibt? Oder ist es nicht vielmehr so, dass die Kader alle Veränderungen, die sie nicht mehr verhindern können, erst im Nachhinein durch Gesetze legitimieren und als ihre eigene Initiative ausgeben und so ihr Gesicht zu wahren versuchen?

Ich würde gern glauben, dass Vietnam unaufhaltsam auf dem Weg in die Freiheit ist. Aber in Momenten, wie dem im Gespräch mit meinem Freund, wird mir wieder klar, dass es ein Land ist, in dem jeder Mensch von einer unsichtbaren dünnen Linie umgeben ist. Die Linie ist jedem ständig bewusst, niemand darf sie je überschreiten. »Jeder Bürger kennt seine Grenze, die Schere im Kopf funktioniert perfekt«, sagt mein Freund.

Im Alltag der Vietnamesen kontrolliert die dünne Linie das Leben auf eine subtile Weise, die Polizeipräsenz nicht notwendig macht. Mein Freund arbeitet zum Beispiel auch als freier Journalist für vietnamesische Zeitungen. Er berichtet über ausländische Kultur, schreibt über Harley-Davidson-Treffen in den USA und die Fußballweltmeisterschaft. »Das ist unverfänglich«, sagt er. Soll heißen: ungefährlich. Eine direkte Zensur, ausgeübt durch Beamte mit Schere und Schwarzstift, findet bei seiner Arbeit nicht statt.

Stattdessen gibt es ein wöchentliches Treffen der Chefredakteure von sämtlichen Zeitungen der Stadt im Büro der staatlichen Nachrichtenagentur Vietnam New Agency. Die ist praktischerweise im gleichen Gebäude wie die Zeitung, für die mein Freund schreibt. Er weiß nicht, was genau während dieser Treffen passiert, da er ja selbst nur ein einfacher Journalist ist und nicht teilnehmen darf. Aber sicher ist, dass die Chefredakteure darauf achten, dass keiner aus der Reihe tanzt. Das reicht.

Nicht nur bei der Berichterstattung, schon bei der Wahl der Worte achten die Journalisten darauf, was sie schreiben. So taucht in Vietnams Zeitungen keine »Nichtregierungsorganisation« auf – allein das Wort könnte schon unterstellen, dass sich hier eine Gruppe von der Regierung abgrenzen will. Stattdessen schreibt man »Zivilgesellschaftliche Organisation«.

Einmal hat sich der zuständige Chefredakteur bei meinem Freund beschwert, weil er ein Zitat aus einem Gedicht des Revolutionsdichters Too Huu verwendet hatte, in dem dieser die Soldatenfrauen pries. Übrigens war Too Huu ein Poet, der mal in einem Gedicht zum Tode Stalins schrieb, dass er den Diktator mehr liebe als seine eigene Familie. Der Text meines Freundes war eine Lobrede auf einen Fußballschiedsrichter, der für seine komplette Haarlosigkeit bekannt ist. Der

Titel lautete: »Man braucht keinen Bart, um ein Held zu sein.« Irgendjemand fand das nicht lustig. »Wir haben siebenhundert Zeitungen, aber nur einen Chefredakteur«, sagen die Vietnamesen.

Subtil ist auch die Präsenz der Staatsmacht. Wegen seiner Tätigkeit als Übersetzer kommt mein Freund viel mit ausländischen Gästen zusammen. Er kriegt deshalb hin und wieder Anrufe, die ihn zu einem Treffen in einem Café einladen. Der Anrufer ist immer sehr freundlich, sehr höflich. Mein Freund muss dann seine Entscheidung treffen. Es gibt keinen Zwang, zu diesen Treffen zu kommen. Aber er weiß auch nicht, ob er sich einem Risiko aussetzt, wenn die Gründe für seine Absage zu offensichtlich sind. Also geht er hin und wieder mal hin. Er wird natürlich eingeladen, bestellt aber nur einen Tee mit Eiswürfeln – weil es das billigste Getränk ist, das es in vietnamesischen Cafés gibt. Seine Gegenüber sind keineswegs kommunistische Kinnmuskelspanner. Es sind gebildete junge Männer mit guten Manieren, die in Australien oder England studiert haben. Sie treten in Zivil auf. Er sagt, man erkenne sie nur an der Art, wie sie sich bewegen und hinsetzen, die zu selbstbewusst und zu raumfüllend für Vietnamesen sei. Ein bisschen sei es auch wie in der DDR. »Da hat man die Spitzel immer daran erkannt, dass sie die teuren Lederjacken aus dem Westen anhatten«, sagt er. Seine Gegenüber möchten nicht den Eindruck erwecken, dass jemand bespitzelt werden soll. »Wir müssen die ausländischen Gäste beschützen«, sagen sie. »Daher müssen wir wissen, was sie machen.« Mein Freund bleibt nur so lange, bis sein Eistee leer ist. Das ist sein Zeitmesser. Dann steht er auf und geht.

Mein Freund sieht nicht aus wie ein Vietnamese. Die Bedienung spricht ihn auf Englisch an, weil er größer und selbstbewusster wirkt als die meisten im Land. »Ein DDR-Produkt bin ich«, sagt er. Er ist in jungen Jahren zum Studieren nach Ostdeutschland gefahren. Dort lernte er nicht nur die Sprache, sondern auch eine Lebensweise kennen, die sich von der seiner Landsmänner komplett unterschied. Wenn er sich selbst als Kreation Ostdeutschlands bezeichnet, dann will er damit nicht sagen, dass er von einer besonders autoritären Gesellschaft geprägt worden sei. Im Gegenteil, die DDR war im Vergleich zu Vietnam ein unerhört freizügiges Land.

»Die Vietnamesen meiner Generation wurden zum Gehorchen erzogen«, sagt er. »Wenn man aus Vietnam in die DDR kam, war das schon die freie Welt.« Auch in der DDR gab es keine Pressefreiheit und keine Wahlen. Aber die Herrschaft der SED war zumindest durch Gesetze geregelt, ihre Macht war berechenbar und ließ einen kleinen Spielraum, in dem der Bürger Zivilcourage zeigen konnte. Es fehlte jene Willkürlichkeit, welche die Kommunistische Partei in Vietnam auszeichnet. »Ich konnte eine Beschwerde schreiben oder einen Antrag stellen, und man hat mir dann geantwortet«, sagt mein Freund. Und er beschwerte sich. Vor allem über die Ausgrenzung, die vietnamesische Gastarbeiter in der DDR erfuhren. Er verklagte eine Fahrschule, weil sie ihn als Vietnamesen nicht ausbilden wollten. Er beschwerte sich, weil er als Vietnamese zwar in der Gewerkschaft sein und auch die Beiträge bezahlen musste, aber nicht wie die Deutschen eines der gewerkschaftseigenen Ferienhäuser an der Ostsee nutzen durfte. »Stunk machen«, habe er in der DDR gelernt, sagt er: so viel Zivilcourage zeigen, wie man sich gerade noch leisten kann. Wie alle Vietnamesen kennt er die dünne Linie genau. Er geht bis an ihren Rand – aber nicht darüber. Hinter der dünnen Linie liegen alle Aktivitäten, die in irgendeiner Weise die Allmacht der Partei infrage stellen. Sie dominiert alle Bereiche des politischen Lebens. Andere Parteien sind nicht erlaubt. Jede Forderung nach einem Mehrparteiensystem wird eine Anklage wegen Propaganda gegen die Volksregierung nach Artikel 88 des Strafgesetzbuches nach sich ziehen, der eine Strafe von bis zu zwanzig Jahren Haft vorsieht. Artikel 88 ist das bevorzugte Instrument, um aufmüpfige Blogger und Journalisten kaltzustellen. Hinter dieser Linie liegen auch alle Initiativen zu gesellschaftlicher Veränderung, die nicht von der Partei ausgehen, selbst wenn sie die Partei nicht direkt kritisieren – zum Beispiel die Kirchen. Man darf Marx und Lenin kritisieren. Das macht die Partei seit *doi moi* selbst die ganze Zeit: die Lehren der beiden Theoretiker sollen der »vietnamesischen Realität« angepasst werden. Es ist auch kein Problem, gesellschaftliche Missstände zu benennen – zum Beispiel die weitverbreitete Korruption. Das ist sogar erwünscht. Wichtig ist allerdings, bei dieser Kritik abstrakt zu bleiben. Wenn man bei seiner Kritik konkrete Namen von korrupten Kadern und Beamten nennt, dann fällt sofort die Axt. Man kann sogar die Partei selbst kritisieren. Hier macht der Ton die Musik. Es ist heute zum Beispiel völlig in Ordnung, die Landreform der Fünfzigerjahre zu kritisieren – solange man bei seiner Kritik feststellt, dass dies ein Fehler der Vergangenheit gewesen sei, der von der Partei erkannt und korrigiert worden ist. Wichtig ist, das betont die Partei immer wieder, »Optimismus« zu verbreiten. Kein Wunder, dass die Vietnamesen in Umfragen beim Optimismus im Ländervergleich immer weit vorn liegen.

Es gibt natürlich auch Menschen, die Helden sein wollen. Von denen liest man dann in den Berichten von Amnesty International und Human Rights Watch. Ihre Geschichten zeigen, was passiert, wenn man die dünne Linie überschreitet. Da sind zum Beispiel die beiden Journalisten, die dabei halfen, den größten Korruptionsskandal in Vietnams Geschichte aufzudecken. 2004 veröffentlichte die vietnamesische Regierung einen Aufruf an alle Journalisten, Korruption unter Beamten an die Öffentlichkeit zu bringen. Vietnam schien sich wirklich zu verändern. Zwei Reporter, Nguyen Van Hai von der Zeitung *Tuoi Tre* (»Jugend«) und Ngyuen Viet Chien von *Thanh Nien* (»Junge Menschen«), nahmen den Aufruf allerdings etwas zu wörtlich. Sie halfen dabei, einen Skandal in der Einheit PMU-18 des Verkehrsministeriums aufzudecken. Deren Mitarbeiter hatten Gelder eines Fonds für Straßen- und

Brückenbauprojekte veruntreut, in den neben Steuereinnahmen auch Gelder für Entwicklungshilfe der Weltbank und Japans geflossen waren. Unter anderem hatten die Beamten 1,8 Millionen US-Dollar bei Sportwetten auf Fußballspiele in Europa gesetzt. Auszahlungen sollen für Prostituierte und den Kauf von Luxusautos verwendet worden sein. Der Skandal führte zum Rücktritt des Verkehrsministers und zu Haftstrafen für neun Angestellte von PMU-18, darunter der stellvertretende Verkehrsminister Nguyen Viet Tien. Zeitungen berichteten sogar über Verwicklungen des Premierministers Phan Von Khai. Diese Ereignisse elektrisierten die Journalisten in Vietnam und die ausländischen Beobachter. Zum ersten Mal war in dem Land wirkliche Pressefreiheit praktiziert worden. Der PMU-18-Skandal beherrschte auch den 10. Nationalkongress der Kommunistischen Partei, während dem der Premierminister Phan Von Khai in aller Stille auf eine Wiederwahl verzichtete.

Doch dann änderte sich alles. Der Fall nahm eine überraschende Wendung, als der stellvertretende Verkehrsminister Nguyen Viet Tien Anfang 2008 plötzlich von allen Anklagepunkten freigesprochen wurde. Nur zwei Monate später, am 12. Mai, wurden die beiden Journalisten verhaftet. Man warf ihnen »falsche Berichterstattung« und »Missbrauch demokratischer Rechte zur Verletzung der Interessen des Staates« vor. Nguyen Viet Chien, der seine Berichterstattung vor Gericht verteidigte, wurde zu zwei Jahren Haft verurteilt. Nguyen Van Hai, der sich reuig zeigte und auf schuldig plädierte, kam mit einer Bewährungsstrafe davon.

Als ich von diesen Ereignissen im Internet las, ließen sie mich verblüfft zurück. Warum wurde dieses kurze Aufflammen der Pressefreiheit für kurze Zeit zugelassen, um es danach umso erbarmungsloser wieder zu ersticken? Wurde die Partei einfach von der Dynamik der Entwicklung erschreckt? Oder steckte mehr dahinter? Dieses Gefühl der Ratlosigkeit, das mich befiel, kennen Vietnamesen nur zu gut. Man nimmt es ohne große Regungen hin, als handele es sich um den Wetterbericht. Da das Wetter ohnehin von Mächten bestimmt wird, auf die man keinen Einfluss hat, empört man sich auch nicht, wenn es mal hagelt. Manche sagen, der Skandal sei nichts anderes gewesen als eine der Schlammschlachten zwischen verschiedenen Lagern innerhalb der Kommunistischen Partei, die regelmäßig im Vorfeld des Nationalkongresses stattfinden – eine eingefädelte Inszenierung, um die Position des Premierministers zu schwächen. Die Journalisten seien dabei nichts anderes gewesen als nützliche Idioten.

Ich will hier nicht den Eindruck erwecken, dass Vietnam noch immer die autoritäre Diktatur sei, die es vor zwanzig Jahren war – seine Einwohner genießen heute Freiheiten, von denen sie vor einem Jahrzehnt noch nicht einmal geträumt haben. Aber ich kann mich des Eindrucks nicht erwehren, dass diese Öffnung eher aus einem taktischen Kalkül der Führung heraus geschieht, keineswegs aufgrund einer selbstkritischen Überprüfung. Manche westliche Beobachter sehen in den wenigen Jahren der relativ großen Meinungsfreiheit um die Mitte des letzten Jahrzehntes nicht mehr als ein Manöver, um das westliche Ausland milde zu stimmen und Vietnams Beitritt zur WTO zu beschleunigen.

Wie die Spitzel, die meinen Freund zum Eistee einladen, versucht auch die Partei, die Natur der Repression so gut es geht zu verschleiern. Dass Facebook gesperrt ist, wurde bis heute nie von öffentlicher Seite zugegeben. Cu Huy Ha Vu zum Beispiel, ein Anwalt, der den Premierminister wegen der Genehmigung einer umstrittenen Bauxitmine anklagte, wurde zuerst wegen seiner angeblichen Kontakte zu einer Prostituierten verhaftet. Erst als offensichtlich wurde, dass diese Anklage haltlos war, wurde er nach dem Propagandaartikel 88 angeklagt. Ein bekannter politischer Blogger wurde wegen angeblicher Steuerhinterziehung verhaftet.

Mein Freund zahlt – diesmal ist er ganz der Vietnamese. Wir gehen auf die Straße. Dort fallen mir Plakate und Banner auf, die an den eigens dafür vorgesehenen Halterungen der Laternenpfähle angebracht sind. Sie zeigen Arbeiter und Soldaten, welche die Fäuste in den Himmel recken – wie in alten Zeiten. »Um was geht es denn da?«, frage ich.

Mein Freund scheint die Plakate gar nicht mehr wahrzunehmen – er hat sie ausgeblendet, so wie man die Anzeigen übersieht, wenn man durch eine Zeitschrift blättert. Er muss noch mal genau hinblinzeln, um mir sagen zu können, für was sie werben: den 11. Nationalkongress der Kommunistischen Partei. Solche parteipolitischen Ereignisse werden in Vietnam ohne Interesse oder Emotion hingenommen. Der alle fünf Jahre stattfindende Kongress wird wie immer hinter geschlossenen Türen abgehalten. Lediglich bei der Eröffnungs- und Schlusszeremonie, die mit viel Fahnenschwenken gefeiert wird, ist die Presse zugelassen. Auch die Wahlen zu den Volks- und Gemeinderäten, der untersten Schicht des ans Rätesystem angelehnten Regierungssystems, finden ohne Wahlkampf und Emotionen statt – man kann ohnehin nur die Kandidaten wählen, die von der Partei aufgestellt worden sind.

Diese Gleichgültigkeit gegenüber politischen Ereignissen ist ein Lebensgefühl, in das sich die Menschen aus den westlichen Demokratien nur schwer hineinversetzen können. Keiner weiß, was in diesem Land los ist. Und am wenigsten die Vietnamesen selbst. Skandale wie der um PMU-18 werfen ein sekundenlanges Schlaglicht auf Vorgänge, die sonst im Dunklen liegen, so wie ein Gewitter eine nächtliche Landschaft erhellt. Sie zeigen, mit welchem Selbstverständnis die Männer, die dieses Land regieren, handeln.

Ich verabschiede mich von meinem Freund und bedanke mich. »Nenn meinen Namen nicht in deinem Buch«, sagt er noch. Und dann sagt er mir noch etwas. Er habe genug von der kommunistischen Gängelung in Hanoi. Seine Wohnung hier habe er bereits verkauft. Er geht jetzt in den vergleichsweise freien Süden. Nach Saigon.

Ersatzdroge

Wieder in Deutschland. Als ich die Buchhandlung verlasse, begleitet mich ein warmer Hauch hinaus und stirbt. Eis knirscht unter meinen Schuhen. Frankfurts Bankentürme verschwinden im Dunst. Ich suche mir einen warmen Platz, um einen Blick in die Bücher zu werfen, die ich gerade abgeholt habe. Beim Bäcker Eiffler hängt an der Glastür ein Zettel: Es wird zur »11. Eppelwoisitzung« eingeladen. Außerdem: »Flowerpower bei der Weiberfastnacht im Josefshaus«. Asien ist so weit weg wie ein Traum an einem Montagmorgen.

Warum sehne ich mich zurück? Manchmal ist die Erinnerung an Indochina wie die an eine Liebesaffäre aus Jugendtagen, als die Welt noch ein Spielplatz war. Manchmal ist sie wie ein Albtraum, aus dem ein Erwachen nicht möglich ist. Liebe ist der falsche Ausdruck für das, was ich für Indochina empfinde. Ich glaube, Sucht ist das bessere Wort. Zum Glück habe ich etwas in meinem Rucksack, das die pulsierende Wärme Asiens ausstrahlt. Meine Ersatzdroge – die Bücher.

Ich setze mich in der Bäckerei auf einen Hocker, der neben einem Resopaltisch mit Marmorimitat steht, und bestelle mir ein belegtes Brötchen mit Ei und einen Kaffee im Pappbecher.

Der Salat auf dem Brötchen hat einen braunen Rand. Egal. Das erste Buch trägt den Titel »Vietnam – A Traveler's Literary Companion«. Es ist eine Sammlung von Kurzgeschichten moderner vietnamesischer Autoren. Die erste heißt »Salz des Dschungels« und ist von Nguyen Huy Thiep. Mir kommen die Worte entgegen wie die Gerüche fremdartiger Blumen.

Ein Monat nach dem Neujahr ist die beste Zeit, um im Dschungel zu sein. Die Vegetation birst vor frischen Blüten und ihre Blätter sind tiefgrün und feucht. Die Natur ist sowohl einschüchternd als auch delikat, und dies liegt, zu großen Teilen, an den Schauern des Frühlingsregens. Um diese Zeit sinken deine Füße in Teppiche aus verrotteten Blättern, du atmest reine Luft und manchmal schaudert dein Körper vor Freude, weil ein Tropfen von einem Blatt gefallen ist und deine nackte Schulter getroffen hat. Wunderbarerweise gehen die Ärgernisse des Alltags vergessen, wenn ein kleines Eichhörnchen auf einen Ast gesprungen ist. Und es war genau so eine Zeit, in der Herr Dieu jagen ging.

Besser – mir ist schon wärmer. Das ist der Grund, warum ich mir die Bücher bestellt habe: Die moderne vietnamesische Literatur bringt mich zurück nach Asien, wenn die Entzugserscheinungen zu stark werden. Noch ein Biss ins Eierbrot.

Ich habe die vietnamesische Literatur für mich entdeckt, nachdem eines Tages eine E-Mail in meinem Postfach war. Ein kleiner Verlag aus Hanoi fragte, ob er mein Buch »Wohin Du auch gehst« übersetzen dürfe. Indochina kannte ich bis dahin als eine Region, in der sich die Menschen vor allem auf ihren Beruf und ihre Familie konzentrieren und in der sich das Interesse an anderen Kulturen auf vage Träume von einem Studium in den USA und die Ergebnisse der englischen Premiere League beschränkt. Als ich den Verlag in Hanoi dann besuchte, musste ich dieses Bild überarbeiten. Ich traf auf eine Gruppe Literaturbegeisterter, die in ihrem Zweit- oder Drittjob als Lektoren arbeiteten und sich den Kopf zerbrachen, wie sie mit wenig Geld eine Lizenz für die Übersetzung von Günter Grass' »Blechtrommel« bekommen könnten.

Hanois kleine Literaturszene ist eine Besonderheit in Asien. Sie besteht aus Autoren, die ihr Geld vor allem vom Verkauf der Bücher unter den vietnamesischen Minderheiten in Frankreich und den USA verdienen – oder eben gar nicht. Wie es sich für Schriftsteller in der ganzen Welt gehört, beklagen sie sich darüber, dass sie zunehmend im Mittelmaß versinken. Und dass der vietnamesische Schriftstellerverband nichts dagegen tue, sondern im Gegenteil diese Entwicklung fördere. Als echte Intellektuelle debattieren sie, ob nicht länger »Die Geschichte von Kieu«, sondern vielmehr der »Gesang einer Soldaten-Frau« als das nationale Gedicht angesehen werden sollte. Und als Vietnamesen werfen sie sich wahlweise vor, Kommunisten oder eben keine Kommunisten zu sein. Sie eröffnen Künstlercafés, denen meistens nur ein kurzes Glück beschieden ist, da die Künstler in Hanoi einfach nicht genug Bares zum Kaffeetrinken haben. Dafür liebe ich Hanoi.

Plötzlich werde ich aus meinen Asien-Träumen gerissen. »Hier, ihr Ladde!«, sagt die Bäckerin und stellt mir einen Pappbecher auf den Tisch, in dem ein Latte macchiato aus dem Automaten schwappt. Neben mir unterhalten sich zwei Jugendliche:

»Wie war'n die Ü-dreissisch-Pardie?«

»Ach, also ellisch, die war net so de Burner...«

Huch, Realität. Weg damit. Zurück in Thieps Kurzgeschichte.

Herr Dieu begab sich auf einen anderen Pfad, denn er wollte anderen Menschen aus dem Weg gehen. Dieser Pfad war erstickt unter Dornensträuchern, die das Gehen schwierig machten, doch sie waren bedeckt mit Tu-Huyen-Blumen. Herr Dieu hielt in Verwunderung an. Tu-Huyen-Blumen blühen nur einmal in 30 Jahren, und man sagt, wer ihnen begegne,

dem soll Glück widerfahren. Die Blumen sind weiß. Sie sind
klein wie der Kopf eines Zahnstochers. Man nennt sie »Salz
des Dschungels«. Wenn der Wald durchflochten mit diesen
Blumen ist, dann ist dies ein Zeichen, dass das Land geseg-
net ist mit Frieden und reichen Ernten.

Die Worte in dem Buch sind in Englisch, und trotzdem wirken sie wie eine fremde Sprache auf mich. Mal ehrlich, welcher Schriftsteller wagt es denn heute noch, Blumen als Meta-
pher zu verwenden? Kitschiger und naiver geht es doch gar
nicht. Als Nächstes schreibt Thiep dann über dornige Rosen
und eitle Narzissen. Trotzdem: Hier passt die Blumenme-
tapher, sie wirkt nicht aufgesetzt. In Vietnam dürfen Poe-
ten noch über Blüten dichten. Nicht nur bei Thiep, sondern
überall in der vietnamesischen Literatur blüht und wächst es.
Bei Bao Ninh steht die Hundsrose für den berauschenden
Wahnsinn des Krieges. In einem Text von Duong Thu Huong
symbolisiert eine Wiese mit hohem grünem Gras den Frieden, Sicherheit und Schutz. Überhaupt, Naturbeschreibun-
gen nehmen einen großen Platz ein. So schreibt ein Volk, für
welches das Leben in klimatisierten Wohnungen noch etwas
relativ Neues ist.

Ich stecke »Vietnam – A Traveler's Literary Companion«
zurück in den Rucksack und krame ein gebundenes Werk in
einem edlen rosa Einband hervor. Es ist eine Sammlung deutscher Übersetzungen des Mitteldeutschen Verlages mit dem
Titel »Der pensionierte General«. Dies war auch der Titel
eines Textes, den Thiep 1987 veröffentlichte und der damals
eine neue Zeit der vietnamesischen Literatur einläutete. Die
Geschichte wurde als literarischer Durchbruch gefeiert, gleichzeitig aber auch wegen angeblicher moralischer Fragwürdig-
keiten angegriffen.

Thiep hat einen immensen Einfluss auf die junge Generation vietnamesischer Autoren. Das soll nicht heißen, dass der
Nachwuchs versuchen würde, ihn zu imitieren. Vielmehr hat

sein Werk den jungen Autoren erstmals gezeigt, was möglich sein könnte. Die Autoren nach ihm wandten sich von den Vorgaben der klassischen vietnamesischen Literatur ab und begannen nun, sich gesellschaftlicher Probleme des modernen Vietnams anzunehmen.

Während ich durch diesen ersten Text Thieps blättere, kann ich die damalige Aufregung allerdings nicht nachvollziehen. Die Geschichte handelt von einem General, der in den Ruhestand tritt und nicht recht weiß, was er mit seiner Zeit anfangen soll. Nach einem Jahr wird er wieder an die Front gerufen und stirbt dort. Eigentlich geht es aber nicht um den General, sondern um kleine Alltagsgeschichten der Familie während dieses Jahres. Der Text ist voller liebevoller Alltagsbeobachtungen, wirkt ansonsten aber zögerlich und unentschlossen. Er beginnt mit einer Entschuldigung: »Mit der Veröffentlichung dieser Zeilen werde ich bei Bekannten vieles wieder aufrühren, was die Zeit sie schon vergessen gemacht hat.« Und er endet mit den Worten »Sollte sich jemand durch die Lektüre dieser Zeilen gekränkt fühlen, so bitte ich ihn um Verzeihung.«

Hier entschuldigt sich nicht der fiktionale Protagonist einer Geschichte – hier entschuldigt sich der Autor selbst für sein Werk! So schreibt kein Aufrührer. Man kann diese Unsicherheit des Textes nicht verstehen, wenn man ihn losgelöst vom Kontext der Gesellschaft Vietnams der Achtzigerjahre betrachtet. Eine Gesellschaft, die auf Konformität setzte. Allein die Tatsache, dass ein Soldat als Mensch mit einem recht bürgerlichen Privatleben und nicht als entschlossener Märtyrer dargestellt wird, erschien damals schon subversiv.

Als Nächstes stoße ich in meinem Bücherstapel auf einen Text von Pham Thi Hoai, die in Deutschland zur Archivarin ausgebildet wurde und die heute in Berlin lebt. Sie schreibt über eine junge Frau, die nichts mir ihrer Zeit anzufangen weiß und daher eine Ausbildung zur Schneiderin macht.

Ich konnte die Namen der zwanzig Mädchen nicht glau-
ben: »Hündchen, Grün, Bambus, Glück, Entkommen, Par-
fümiert, Durchtränkt, Norden.« Die Chefin war Schnee,
ihre Tochter Berührt, die zwei Schwiegertöchter waren Kreide
und Tugend, die vier Lehrer Entschlossen, Bein, Kampf und
Gewinn. Den ganzen Tag waren dort Rufe, die Hüfte zu tei-
len, die Brust hinzuzufügen, die Achsel, Hüfte, Brust, Ach-
sel abzunehmen. Unten war es unmöglich, ein Wort zu ver-
stehen, selbst wenn man schrie, würden die Deckenventilatoren
die Worte in sinnlose Stückchen zerschneiden. Ich dachte, ich
würde in der psychiatrischen Klinik Tran Quy landen, bevor
ich meine ersten Shorts machen könnte. Deshalb mochte ich
das Mädchen, als sie mir sagte, dass ihr Name Orchidee sei.
An anderen Orten waren all die Orchideen langweilig. Aber
diese war nicht wie die anderen Mädchen im Laden.

Ich kann kein Vietnamesisch. Daher lese ich übersetzte vietnamesische Literatur, weil sie mir mehr über das Land erzählt als
ein Reiseführer. Zum Beispiel so ein kleines Detail, wie jener
Gedanke aus dem oben zitierten Textabschnitt: Mädchen, die
Orchidee heißen, sind wahrscheinlich langweilig. Es ist eine
kleine alltägliche Annahme, die viel über die Autorin aussagt
und damit, so glaube ich zumindest, auch über ihr Volk. Es
ist, als könnte ich für einen Moment dem Gedankenstrom dieser Menschen zuhören. Als könnte ich sie verstehen, sie über
ihre Freuden und Sorgen sprechen hören.

   Leider werden mir oft die Grenzen der Übersetzung bewusst. Beim Versuch, vietnamesische Spitznamen und den
feinen Humor, den sie transportieren, ins Deutsche zu übersetzen, kommt am Ende nur Wortgehäcksel heraus. Offen-
sichtlichstes Opfer der Übersetzung ist das Mädchen, das nun
»Durchtränkt« heißt. Regelmäßig stoße ich im Vietnamesischen auf Worte, die sich einer Übersetzung widersetzen.
Wörterbücher sind nur begrenzt hilfreich. Es hilft nur: Hinsetzen, zuhören und die Situation verstehen, in der das Wort

benutzt wurde. Wie soll man zum Beispiel das vietnamesische Wort für Onkel übersetzen? In den westlichen Ländern hat das Wort etwas Humorvolles, ein Onkel ist eine komische Figur, eine Karikatur. Kinder nennen die männlichen Freunde ihrer Eltern so. Wenn Vietnamesen Ho Chi Minh als *bac ho*, Onkel Ho, bezeichnen, klingt das für uns lustig. Wie soll man daher den tiefen Respekt übersetzen, den Vietnamesen bei der Aussprache des Wortes empfinden? Es geht nicht.

Ich habe noch ein weiteres Buch gekauft. Das kommt nicht leicht, exotisch und blumig daher, sondern liegt in meinem Rucksack wie ein Ziegelstein. Es ist von Bao Ninh, meinem vietnamesischen Lieblingsautor. Er kämpfte während des Vietnamkrieges auf nordvietnamesischer Seite in der siebenundzwanzigsten Glorreichen Jugendbrigade. Von den fünfhundert Soldaten der Brigade sollen nur zehn den Krieg überlebt haben, darunter er. Seine Erlebnisse verarbeitete er im Roman »The Sorrow of War«.

Diese Tage waren glücklich. Der gesamte Zug mit 13 Soldaten war sicher. Sogar der »kleine« Thinh hatte hier einen Monat verbracht, bevor er getötet wurde. Can hatte noch nicht desertiert. Damals waren Vinh, der »große« Tinh und Cu, Oanh und Tao »der Elephant« am Leben. Jetzt, abgesehen von dem alten, zerrissenen und dreckigen Kartenspiel voller Fingerabdrücke der Toten, hatte Kien keine Erinnerung an seinen Zug. Neun! Zehn! Bube!… Dame! König… Ass!

Manchmal in seinen Träumen erscheinen diese Karten noch. Er schreit ihre Namen und spielt mit ihnen alleine. »Herz, Caro, Pik…« Das Marschlied des Regiments wurde von den Soldaten verdreht: »Wir werden alle Joker sein, schmeißt die Karten härter, genießt das Spiel, kein Grund zur Sorge…« Das letzte Mal, dass man die Karten teilte, war als der Zug nur noch vier Mitglieder hatte: Tu, Than, Van und Kien.

Er beschreibt hier Menschen, die wir nur als kämpfende Roboter in schwarzen Pyjamas kennen. Das hat nichts mit »meinen« Erinnerungen an den Krieg zu tun, die sich auf die Filme »Platoon«, »Apokalypse Now« und »Full Metall Jacket« beschränken. Es ist, als würde er von einem anderen Krieg erzählen. Bao Ninh ist heute der im Ausland bekannteste vietnamesische Autor.

Sein Buch erschien 1991 in Vietnam unter dem Titel »Das Schicksal der Liebe«, eine Wortwahl, die offensichtlich die Zensoren in die Irre führen sollte – dass das Werk nach dem Erscheinen vorerst verboten wurde, konnte er allerdings nicht verhindern.

Die amerikanische Übersetzung unter dem Titel »The Sorrow of War« ermöglicht Bao Ninh heute ein finanziell unabhängiges Leben. Man sieht ihn regelmäßig im »Lakeview«-Café, einem teuren Touristencafé in Hanoi, wo er Whisky trinkt. Dass er alkoholabhängig ist, ist in Vietnam ein offenes Geheimnis. In Vietnam ist diese unter Veteranen des Krieges weitverbreitete Abhängigkeit eine gesellschaftlich akzeptierte Methode, um mit den Erinnerungen umzugehen. Bao Ninh gilt unter Journalisten als nicht interviewbar, da er während des Gesprächs oft einfach nicht antwortet oder, wenn er es doch tut, Dinge sagt, die nichts mit der Frage zu tun haben.

Ich liebe das Werk, weil es so ist, wie ein Buch sein sollte, aber heute nicht mehr sein darf: in einem Fluss wie im Fieberwahn geschrieben, als gescheiterter Versuch der Heilung. Nachts, beim Schein einer Schreibtischlampe, während Zigarrettenqualm in der Luft des Zimmers hängt wie eine sedimentäre Ablagerung und auf dem Dach die Katzen streiten. Weil man aus jeder Zeile herausspürt, dass der Autor nie ein Exposé geschrieben hat und ihm Verträge mit Garantiehonorar und Verramschungsklausel völlig fremd sind.

Manchmal spannt Bao Ninh die Geduld des Lesers, der ja auch in Deutschland zunehmend eine zackige angelsächsische Dramaturgie gewohnt ist, arg auf die Probe. Er hat keinen Gedanken an die Wünsche eines Lektors verschwendet. Man merkt, dass hier jemand gearbeitet hat, für den Schreiben ein Bedürfnis ist. Und das kann ich über fast alle vietnamesischen Autoren sagen. Sie haben eine Natürlichkeit, um die ich sie beneide und zu der ich selbst gar nicht mehr fähig bin. Alle Worte sind frisch und unverbraucht, frei vom Buchmessen- und Vertreterkonferenz-Zynismus. Bei westlichen Autoren gibt es meist die etablierte Arroganz oder die ewige Selbstironie der Jungen, die sie unangreifbar machen soll. Diese Autoren sind frei davon. Ehrlich gesagt: Beim Lesen erwische ich mich dabei, wie ich über das unmögliche Vorhaben nachdenke, als Autor diese Natürlichkeit zu kopieren.

Zeit für ein wenig Realität. Ich lege das Buch weg und verlasse die Bäckerei. »Himbeerkreppel - frech und lecker!«, schreit mir ein Werbeplakat an der Glastür zum Abschied entgegen. Auf dem Weg zur S-Bahn komme ich an einem Sperrwerk vorbei, durch das der Main sich grün-grau hindurchstürzt. Schon der Blick in das klirrkalte Wasser ist schmerzhaft. Ein Schwan sitzt auf der Kante des Wehrs. Dass dem die Füße nicht absterben. Die Bücher schlummern angenehm warm und schwer in meinem Rucksack und träumen von Asien. Bis ich wieder mal auf Entzug bin.

Statt eines Nachworts

Liebe Laoten, liebe Vietnamesen, liebe Kambodschaner, statt eines Nachworts möchte ich eine Entschuldigung hinterherstolpern lassen. Es ist nämlich eine Unverschämtheit, eure drei Länder in einem Werk zusammenzufassen – und damit zu unterstellen, dass die Unterschiede zwischen euch nur in Nuancen bestünden. Ich führe damit die schlechte Angewohnheit des Westens fort, eure Länder als ewige Einheit zu betrachten – trotz ihrer offensichtlichen Unterschiede.

Doch ich bin der Meinung, dass es tatsächlich etwas gibt, das eure drei Staaten verbindet. Es ist nicht eure gemeinsame Geschichte als französische Kolonie oder die lange Erbfolge eurer Kriege. Sondern ein Geheimnis, dem ich noch nicht auf die Spur gekommen bin.

Seit meiner ersten Reise durch Laos, Kambodscha und Vietnam im Jahr 2003 bin ich immer wieder zurückgekehrt und schließlich hier geblieben. Heute lebe ich in der kambodschanischen Hauptstadt Phnom Penh. Natürlich vor allem wegen meiner kambodschanischen Frau Sreykeo und unseren drei Kindern. Aber regelmäßig unternehme ich auch Reisen nach Laos und Vietnam, um diesem großen Mysterium auf die Spur zu kommen – ohne eigentlich zu wissen, wonach ich suche. Alles um mich herum scheint mir Botschaften vermitteln zu wollen: Der abblätternde Putz und die Wasserflecken an einer Wand. Das Gewirr der Stromkabel über einer Straße. Die dichten Bündel aus abgebrannten Räucherstäbchen in den Ahnenschreinen. Die kleinen Arrangements am Straßenrand, die Reisende leicht übersehen – eine Öllampe und ein an einen Baum gelehnter Motorradreifen weisen auf eine Werkstatt im Hinterhof hin. Und natürlich euer oft zweideutiges Lächeln. Unzählige Nachrichten, die ich nicht entschlüsseln kann.

Es geht nicht nur mir so. Zugegeben, wir aus den westlichen Kulturen stehen allen asiatischen Völkern mit einer gewissen Ratlosigkeit gegenüber. Aber den Thailändern und den Chinesen zum Beispiel unterstellen wir nicht, dass es in ihren Seelen ein dunkles Geheimnis, ein unentdecktes Land gäbe. Das machen wir nur bei euch.

Ich will nicht behaupten, dass ich das große Geheimnis gelüftet hätte. Doch etwas habe ich verstanden. Ihr seid gar nicht so rätselhaft, wie wir immer glauben. Denn was ist Sonderbares an drei Nationen, die ihre eigene Kultur haben und ihre Geschichte selbst schreiben? Wahrscheinlich ist der Grund für eure scheinbare Rätselhaftigkeit bei uns Europäern selbst zu suchen – in unserer verdrehten Perspektive auf eure Region.

Wir sahen in ihr ewig ein Anhängsel-Asien, ein exotisches Hinterland, dessen Geschichte nur als Fußnote der Historien der zwei großen asiatischen Völker zu erzählen sei, der Inder und der Chinesen.

Westler neigen dazu, in euch drei Kulturen zu sehen, die lediglich eine Mischung aus Indien und China sind, ansonsten aber keine Eigenständigkeit besitzen. Diese Haltung bringt schon der Name zum Ausdruck, den die Franzosen euren drei Ländern verpassten, als sie diese im neunzehnten Jahrhundert zu ihrer Kolonie machten: »Indochina«

Dass eure Länder über Jahrhunderte hinweg sowohl von Indien als auch von China stark beeinflusst wurden, lässt sich sicherlich nicht leugnen, angesichts der hinduistischen Tempelruinen in Kambodscha oder der in allen drei Ländern geliebten Reisnudelsuppe, die mit Stäbchen gegessen wird. Doch wir in den westlichen Ländern übersehen leicht, dass diese ausländischen Einflüsse nur oberflächlich sind, wie Zuckerguss auf einem Kuchen. Darunter verstecken sich eure kulturelle Eigenständigkeit, euer Nationalgefühl und die uralte Religion der Geister- und Ahnenverehrung, der Animismus.

Was unsere Ratlosigkeit vollständig macht, ist die Härte und die erschütternde Opferbereitschaft, mit der ihr in den drei Indochina-Kriegen des letzten Jahrhunderts um eure Unabhängigkeit gekämpft habt. Im ersten kämpften die vietnamesischen Viet Minh gegen die französische Kolonialmacht und siegten schließlich 1954. Im zweiten Indochinakrieg fochten in allen drei Ländern von China und der Sowjetunion unterstützte Kommunisten gegen die lokalen Verbündeten der USA. Dieser Krieg endete 1975 mit dem Rückzug der USA und dem Sieg der Kommunisten in allen drei Ländern. Und um die Verwirrung der Westler komplett zu machen, gingen die sozialistischen Bruderstaaten nur vier Jahre später aufeinander los: 1979 marschierte das kommunistische Vietnam im ebenfalls kommunistischen Kambodscha ein und hielt es bis 1989 besetzt. Zur Vergeltung führte Kambodschas Verbündeter China einen verlustreichen Angriff auf den Norden Vietnams durch.

Es ist Ausdruck westlicher Arroganz, dass wir in euch unschuldige Kinder sehen wollen, die nur durch die Einflüsse ausländischer Mächte in diese Kriege getrieben wurden. Dabei übersehen wir leicht, dass ihr euer eigenes Nationalgefühl habt – oder, um ein hässlicheres Wort zu benutzen, euren eigenen Nationalismus. Ihr macht eure eigene Geschichte, und dazu gehört auch, dass ihr eure eigenen historischen Fehler macht. Der Wunsch nach absoluter nationaler Unabhängigkeit führte im Falle Kambodschas zu einem Ereignis, das eine neue historische Kategorie erfordert: den Auto-Genozid. Während der Herrschaft der Khmer Rouge von 1975 bis 1979 starb beim Versuch, die gesamte Bevölkerung zum Bau von gigantischen Bewässerungsanlagen zu mobilisieren, ein Viertel der Menschen an Hunger und Krankheiten.

Diese Eruptionen der Gewalt haben uns im Westen verwirrt. Seither blättern wir in Lexika, um irgendeinen -ismus zu finden, mit dem wir vertraut sind. Dann stülpen wir euch den über, um behaupten zu können, dass wir euch nun verstanden hätten. Leider müssen wir immer wieder feststellen, dass wir es uns damit zu einfach machen.

Man sagt, ihr seid Buddhisten – aber friedliebend und in euch gekehrt seid ihr sicherlich nicht. Man sagt, ihr seid Kommunisten – aber an internationaler Solidarität ist euch nicht viel gelegen. Ich verstehe euch eben nicht. Und dafür möchte ich mich noch mal in aller Form entschuldigen: Sorry!

Aber ich arbeite daran.

PIPER

Martin Schacht
Gebrauchsanweisung für Thailand

224 Seiten. Gebunden

Hätten Sie gewusst, wieso Thais niemals allein essen und warum »mai pet« zu den wenigen Vokabeln gehört, die Sie unbedingt beherrschen sollten? Weshalb auf den Märkten von Chatuchak oder Patpong nicht aggressives Feilschen, sondern die hohe Kunst der Schauspielerei gefragt ist? Wie Sie sich sogar in Bangkok entspannen können und wo es noch echte Inselparadiese zu entdecken gibt? Erkunden Sie mit dem Autor die Zwölf-Millionen-Metropole Bangkok, die laut, dreckig, stinkend, heiß – und zugleich exotisch, überraschend, wunderschön und romantisch ist. Erfahren Sie, von wo aus in Thailands Norden man am besten zum Trekkingabenteuer startet und was einem in einer Massageschule passieren kann. Womit Sie etwas für Ihr Karma tun, wann ein Sarong unverzichtbar ist und wo Flip-Flops tabu sind. Wie Dauergäste und Expats hier leben. Wie Buddhismus und Aberglaube ideal zusammenspielen. Wieso Thailänder von weißer Haut träumen, weshalb sie eine Leidenschaft für Neonröhren hegen. Wie der stapelbare Plastikstuhl seinen Siegeszug durch das ganze Königreich antrat. Und wo Sie mit etwas Glück Malaienbären treffen werden.

01/1959/01/L.

Kai Strittmatter
Gebrauchsanweisung für China

Überarbeitete und erweiterte Neuausgabe. 272 Seiten mit
einer Karte. Gebunden

Nein, nicht in Italien: Chinakenner Kai Strittmatter weiß, wo
Pasta und Fußball wirklich erfunden wurden. Wieso Sie
China nie ohne Ohrenstöpsel betreten sollten. Wie Sie sich für
Zufallsbegegnungen im Zugabteil oder auf dem Plumpsklo
wappnen. Weshalb Chinesen am liebsten in Scharen auftau-
chen und wieso sie sehr wohl das »r« rollen können. Warum sie uns plötzlich die Milch wegtrinken und was sie außer
»Sissi« und Audis sonst noch an Deutschland mögen. Dass
der Mao-Anzug in China gar nicht Mao-Anzug heißt und
trotzdem ein Comeback als schickes Modezitat feiert. Wie
die Kommunisten heute Konfuzius und die Pandabären für
sich einspannen und überhaupt die größte Fälschung des
Landes sind. Und was bei alledem Frühlingsrollen und Weiß-
würste gemeinsam haben.

01/1622/02/R

NACH DEM BESTSELLER „WOHIN DU AUCH GEHS
VON BENJAMIN PRÜFER
same same
BUT DIFFERENT
„Same Same But Different" zeigt ein Südostasien jenseits aller Postkartenklischees und die harte und doch zärtliche Beziehungsarbeit eines Paares aus zwei unterschiedlichen Welten." Stern
AUF DVD UND BLU-RAY DISC
WWW.SAMESAME-THEMOVIE.COM